U0031390

職場認真 06

下一球會更好

WORK ON YOUR GAME

練就專業運動員「投入賽局」的心理戰力，戰勝職場和人生各種不可能

use the pro athlete mindset to
dominate your game in business, sports, and life

Dre Baldwin

卓瑞・鮑德溫——著
龐元媛——譯

致謝

感謝從二〇〇五年到現在，每一個向我提出問題、給予意見，或是吐過苦水的人。

什麼都能拿來當素材。

推薦序一

下一球會更好，鍛鍊投入賽局前的強大心智

謝文憲　知名講師、作家、主持人

有時候就是這樣，會在你最困頓的時候，看到一本自己超級需要的書，這一本就是。

自己在投入三十年的職業生涯後，今年做出一個重大決定：「籌拍一部棒球電影！」這三十年分成前面十五年的職場階段，後十五年則是職業講師與創業的人生階段，而我這三十年跟作者的人生雷同，精采無比。

試想，一位職業籃球運動員結束九年球員生涯後，他可以做什麼？尤其在還年輕、體力好，只是無法對抗強大的職業運動賽事張力，在這樣的年紀退下來之後，他還可以做什麼？作者的人生歷程，讓我瞠目結舌、讚嘆不已。

我仔細閱讀他的人生哲學，他到底有什麼過人之處，可以幫助我度過籌拍電影的難關？

「紀律的第三天」，是很有意思的思維，跟我當時戒菸的狀況很像。

第一天的興致勃勃，第二天的再撐一下，到了第三天，你還剩下什麼？戒菸、運動、減

重、學英文……失敗與成功的道理都雷同，作者從籃球與多種運動的角度切入，深得我心。

然而，「紀律、自信、心理堅強、積極主動」這四大原則模型，也是我度過第二個十五年的講師與創業階段，最重要的心理素質。

我從大公司的頂尖業務退下來，開始自己籌組小公司，展開沒人認識我的講師階段，若非這四項心理素質與投入賽局的心理戰力，我很難撐到現在。

我跟作者的異同點，是他從籃球切入，我從棒球切入，雖然運動類型不同，而且是中西方兩個不同世界的人，但對於人性的心理戰力提升，與追求卓越的態度，卻放諸四海皆準。

而在寫此篇推薦序的同時，我剛結束兩場電影的募款演講，宣布籌拍電影已有五個月，但我想放棄不只五次。

此時，我看到了下面這個篇章：**「十二道心理錯誤」**

拍電影，需要很多錢？你又不懂？團隊成員多元，很難整合？市場有估算過嗎？投資人會贊助你嗎？開口跟別人要錢，可行嗎？

在此之前，為了開口跟企業募款，我已經吃盡苦頭，好似重回我年輕做業務時，陌生拜訪與 cold-call 的窘境；面對拒絕時，自己心理的調適，與跨出舒適圈，來到全新環境，自己以及團隊適應力的調整；更遑論我在籌拍電影前，才被醫師宣布罹癌。

種種的藉口與磨難，好似找到不少可以停下來的理由，卻又走到現在，那是因為我看到了這一篇。

作者整理出人生投入賽局時的十二道心理錯誤，我對以下八點特別有感，幾乎字字打中我：

一、重播爛電影
二、覺得自己夠聰明，不用基本功
三、努力的方向錯誤
四、樹立隱形障礙
五、浪費時間與注意力在恐懼上頭
六、當好人，比當個重要的人更重要？
七、發牢騷
八、成為職業資訊蒐集師？

我是一面笑，一面看完這一篇的，我笑自己為何被作者都猜中，我笑自己為何這麼蠢，我笑自己為何不早點看到這本書。

若把我的籌拍電影，換成你的人生賽局，其實你也會笑得出來，你心裡面想的狀況，其實都跟我一樣。

這不是一本籃球書籍，更不是籃球指南，它是你投入人生下一場賽局前，鍛鍊自己強大心智的最佳工具書，有方法、有案例，更有許多成功與失敗的故事隨時借鏡，我不敢說照做就會成功，我可以確定它比算命、論命更能夠看清你自己的盲點。

而且你會一直笑，笑說作者為什麼這麼懂你？哈哈哈！

推薦序二

從球場到職場

王永福　職場專業簡報與講師教練

二〇二〇年初，NBA籃球超級巨星柯比・布萊恩（Kobe Bryant），因為直升機墜毀意外身亡，留給世人無限的哀思及感傷。柯比雖然是職業籃球員，但是他的影響力卻超越了籃球，帶給一整個世代的人許多精神上的典範！特別是那句「你看過凌晨四點的洛杉磯嗎？」，強調在天分之外，努力訓練及全心付出的重要性。在我每天早起工作時，都會讓我想到柯比的曼巴精神。而柯比的努力同樣用在商業、電影上，取得頂尖的成就，也代表了自律、努力、敢於挑戰、永不放棄，是可以跨越領域，讓一個人保持巔峰！柯比雖然離開了，但是他的精神長在永遠讓人們記得！

在求學的年代，我是籃球校隊的一份子，籃球也一直是我最喜歡的運動。雖然開始工作之後，因為膝蓋的關係，無法持續打球。但是有機會到球場，我還是會手癢想下場打一下。因此看到這本也是由籃球選手寫的商業書，會特別有感覺。

我還記得在大專盃籃球比賽時，在跳球前的緊張；也還記得一顆十拿九穩的禁區跳投，卻因為壓力的影響而投了籃外空心；我記得在多次苦練後，第一次成功灌籃的雀躍；也記得每次輸球後，坐在場邊的失落。這些球場上的經驗，在我轉入職場後，同樣又一次次地發生。壓力、練習、開心、失落，然後最終持續努力，帶來成長。

這些球場到職場上的經驗，也是本書的重點。我特別喜歡作者寫的〈「第三天」以及之後〉這個章節，因為如同訓練的過程，在訂下目標後，第一天總是興致匆匆，第二天身體開始痠痛，在第三天一切都不新鮮時，能夠繼續下去，才是自律的真正關鍵。〈心理堅強〉這個章節，特別是目標與自我提升的三個問題：你想要什麼？不想要什麼？最壞的結果是什麼？這些問題可以有效地幫助我們確認目標，聚焦前進的方向。

比較讓我驚訝的是第八章〈推銷你自己〉，原來身為職業運動員，也必需要重視這項技能！這同時也是進入職場後，讓自己突出的重要關鍵。因為讓自己的努力被人看到，才有機會進一步地發光發熱。而〈你的人際關係能力〉（第九章），及〈良師〉（第十章），也會是讓自己突出的重要關鍵。

就如同本書作者提到「紀律、自信、堅強、進取」，應用這些在球場上的成功心法，讓你在職場也能取得同樣成就。看完這本書，也許不一定會讓你變成一個更好的籃球選手，但也許能讓你變成一個更好的自己！

自我要求、持續努力，朝更好的自己前進！Mamba 4 Life！

推薦序三

與失敗和平共處，下一球又是全新的挑戰

徐展元　熱血體育主播

每一場人生賽局，最終的追求就是贏！但是好想贏，要怎麼贏？又如何贏得漂亮？整個過程充滿太多變數，要讓每一個變數都成為滋養自己最佳的養分，就需要加強個人心理素質。

是的，在我立志播報棒球五十年的路途中走了大半段，總會看到許多不世出的運動員在競技場上發光發熱，從他們身上都嗅得出一股迴異於眾人的氣味，那就是專注和堅持，以及願意在失敗中找尋下一次能造就成功的蛛絲馬跡，然後不停地推著自己往前邁進一步，就算成功了，依舊不願懈怠。

透過數字來說，你就會更加明白我的意思，職棒選手只要打擊率達到三成，在球場上就可以算是讓投手心有芥蒂、得要小心應付的優秀打者。但是你可曾想過，這樣的優質打者其實得要與百分之七十的失敗和平共處，在凝神揮棒的前一刻都不能鬆懈，到了揮棒落空之後也不能因此灰心喪志，因為下一球又將帶來嚴峻挑戰。

要如何在短短幾秒鐘調整好自己的心理素質，不被挫折擊敗？我這一生最崇拜的職棒球員鈴木一朗就讓我體悟到最重要的關鍵。每一回當他走上打擊區都會出現一個標準動作，也就是將球棒九十度朝天一指，右手臂筆直地對著投手，順暢地將球棒轉動三次，然後打擊出去，讓這顆球就像變了心的女朋友，回不來了，home run！

鈴木一朗創下至今難以突破、神一般的棒球傳奇，拿下安打王與盜壘王，難道他天生就是超級棒球神嗎？不，他小時候體型瘦削，不夠強壯，三歲從父親手中拿到第一個紅色棒球手套開始，他就每天都在棒球世界裡長足練習，後來養成每場比賽他一定提早兩個小時到場，賽前練習揮棒三百次以上。一旦沒打出安打，他就會獨自在球場練習打擊兩百次，認真找回球感。

我常在演講中提到，任何事情一旦決定要去做了，就抱持著「一不做、二不休、三不回頭、四不後悔、五不放棄、六不抱怨！」的決心，衝勁奮勇前進，特別是「不抱怨」很重要！抱怨是一種負面能量，既然決定去做，就不能有怨念，不然就不要去做啊！

不間斷的練習帶來專注，失敗則是帶來耐性的磨成。每一次自尊被踐踏在別人腳下後，又如何重新站上人生舞台發光發熱？在枯燥乏味的重複動作下，又如何持續保持熱忱呢？我有個答案，就是「放感情」，我覺得自己去找尋工作的樂趣，這很重要！

認識展元的朋友都知道，每一場球賽我都會做足功課，查閱每個球員的對戰資料，我的愛妻懷萱曾經有回不解地問，為什麼每天都是同樣球員出賽，我卻要花好幾個小時，甚至深更半夜都還不能上床睡覺。我告訴懷萱，每一次的組合都會爆出不同的可能性，就在那些百分之一抑或千分之一的機率下，扭轉賽局的關鍵點就會出現，我全心全力「放感情」在找尋這當中的百分比。

這本書的作者卓瑞．鮑德溫，是一位美國職業籃球員，後來轉戰商場，有了自己的銷售團隊。從書中內容來看，他也是個會在人生的每個百分比中，不斷激勵自己的人，擁有堅強意志向目標前進，就算歷經挫折和打擊，還是會鼓起勇氣重新出發，面對挑戰，畢竟在那明星球員高手如雲，甚至恍如魔獸大戰的殘酷戰場上，誰都不願在如同釘板般的冷板凳上，多坐一分一秒。

回到展元最初開始所說，每個人都好想贏，但是要怎麼贏？又如何贏得漂亮？卓瑞．鮑德溫用最簡單直白的方式，向每個人訴說人生中最重要的得分關鍵。他說，專業運動員「投入賽局」的心理戰力很重要，透過加強信心和紀律，才能戰勝職場和人生各種不可能。在他所寫的每一個篇章中，都能讓人清楚理解，成功養成完全沒有捷徑，但是可以奠基在別人的經驗值上。

我每次都會特別提醒年輕朋友要勤於思考，立志要趁早，絕對不要渾渾噩噩虛度光陰，所以看完這本書，肯定收穫滿滿。倘若各位問展元最欣賞卓瑞．鮑德溫這本書的哪一點，我認為就在於最後一章的「最重要的觀念」，至於是什麼觀念呢？這得要你先打開這本書，從頭看到最後，就會明白當中深邃的奧義嘍！

這些概念不僅可以在球場上發揮，更能運用在接踵不斷的生命難題上，有志於要贏得精采人生的人，千萬不能錯過這本書，因為下一球會更好，下一步會更璀璨耀眼。

目次

第三章 超能的你

第十章 良師

作者序言

這本書誕生的原因

認識我的人都知道，我向來直話直說，從不花言巧語。我的目的不是要讓你開心，而是要製造成功的故事，幫助你努力奮鬥，收穫成果。我知道該怎麼拋開廢話，達成目標，也會告訴你該怎麼做。

你看完這本書，會更加認識我。你會發現我遭遇過難關。我失敗過，摔得鼻青臉腫，也曾經被打倒、被淘汰、被人看不起。但我終究闖出了一些名堂，而且還繼續發光發熱。

我的成長背景，很多人看過，也聽過，但全世界只有不到百分之一的人口，真正經歷過。雖然我的經歷比較罕見，但我會仔細說明你將遇到的挑戰，我會對你說你**需要**聽的，而不是你**想要**聽的。

我最初是把「Work On Your Game（投入賽局）」哲學介紹給運動員，職業的、業餘的都有，幫助他們提升運動場內外的心理素質。這一套哲學流傳得很快，從競技運動界開始，一路流傳到董事會與銷售團隊。任何人想要成長，想培養自身實力，無論是哪一方面的實力，都需要學習提升心理素質的成功方程式。「投入賽局」是一套程序，分為幾個步驟，能將你自己與你的能力最大化，往後就不再需要和別人競爭。巔峰狀態的你是無法複製，也是無法取代的。

如果你看完這些，覺得受到鼓舞，那你來對地方了。如果這是你要說給我聽的自我介紹，那麼很高興認識你。

八年級學生的建議

我聽過最好的建議，是一位在一對一鬥牛以十比〇擊敗我的八年級學生對我說的。你要是認為小孩子的話不值得一聽，那可就大錯特錯了。他說的超有道理，你一定要看下去。我保證絕對值得。

那天我們結束中學畢業前的旅行，搭車回家途中，我坐在布蘭登・阿布尼的旁邊。我們學校打籃球最厲害的就是他。那時候的我球技很差，我請布蘭登給我一些建議。他是我能接觸到的球技最好的人，我很敬佩他。無論他給我什麼建議，我都會記住，也會照做。布蘭登接下來對我說的話，澈底改變了我的人生。

「卓瑞，你要做兩件事：

一、在場上不要害怕。

二、要買下一套本事。」

布蘭登的智慧遠遠超過他十四歲的年齡。

這兩句話成為我在籃球場上，以及經商、經營人生所奉行的原則。

我一開始不太懂，布蘭登說「買下一套本事」是什麼意思。

我後來發現，他的意思原來是「培養技巧」，意思是要花時間、更努力，練出更好的球技。直到現在，「買下一套本事」這句話也依然代表花時間努力爭取想要的結果。你的工作內容、職稱，還有工作地點都不重要。無論在哪一種環境，你不努力就不會有本事。

看你的本事

你在這本書會不時看見「看你的本事」方塊，裡面會提出一些問題與想法，引導你思考你目前有多少本事，有多少成績，還有哪些地方需要改變，需要加強，需要戒除。

「投入賽局」的開始

我從二〇〇五年五月開始在 Blogspot.com 寫部落格，也開始提倡「你的人生賽程」哲學。這四個字是在二〇〇九年一月的某一天正式誕生。那天凌晨兩點，我在邁阿密卡特勒灣的

「二十四小時健身中心」，對著攝影機說出這四個字。詳情以後會說到，現在先回頭看看一個十四歲的孩子，是如何給我如此扎實的建議，其中的原因又是什麼。

我從五年級到八年級，就讀的是位於費城的第十七街與春季花園街的馬斯特曼國中及高中。

我念完八年級之後離開馬斯特曼，那個建議我「在場上不要害怕」、「買下一套本事」的布蘭登繼續留在馬斯特曼，打了四年的籃球校隊。我則是進入喬治華盛頓卡佛工程與科學高中，在那裡會……呃，其實我也不知道。當時的我還到處跟人誇口，說我一年級就會入選籃球校隊。

我跟布蘭登在中學階段各奔東西之前，他倒是好心提醒我在球技方面的缺失。我跟他有時會在午餐時間，在馬斯特曼的屋頂運動場湊隊打球賽，所以我的能耐他一清二楚。他知道我在場上老是緊張兮兮，怕東怕西。

他說得對。我當時**真的是**緊張又害怕，主要是因為沒有實力。我的隊友都比我厲害很多，我總是很緊張，怕搞砸，怕讓隊友失望（怕也沒用，到頭來還是搞砸）。我很怕拿到球卻不知道該怎麼辦（這在球場上發生過太多次）。旁邊有那麼多女生在看，我也很怕會投出麵包球，或是上籃失敗（再怎麼怕也還是一再發生）。

布蘭登對我說，我想成為厲害的球員，在場上就不能害怕，不能猶豫，不能怕搞砸。要消除恐懼，就必須磨練球技，球技進步就自然會有信心。

當年的我十四歲，還不怎麼會運球，外線投籃也很爛，防守的概念很薄弱。我很怕隊友傳球跟子彈一樣又快又猛，因為我接不住。我想當個有用的球員，可是我沒有球技。十四歲的我所知道的「球技」，就只有運球、傳球、投籃而已。其實球技還包括信心、紀律、堅強，以及積極主動。

看你的本事

你最近一次主動提升工作技能是什麼時候？

十幾歲的我知道自己缺乏**實力**，面臨的挑戰是找出能提升實力的辦法。我應該採取哪些行動？我知道以我當時的球技，還算不上真正的球員。我也知道我的心理不夠堅強，在場上畏首畏尾、猶豫不決，整體來說就是缺乏信心，需要改進。我得想辦法縮短我的現實與理想之間的差距。

從那次跟布蘭登一起坐車，到現在已經過了二十幾年，我發現他的建議完全正確：技能＋心理素質＝成功。

提升我的心理實力

依據布蘭登的建議，我感覺自己在十一年級之前，就已經買下不少實力，但我再次落選高中籃球校隊，在選拔賽的第一天就被淘汰。我知道這個階段的我球技不差，缺乏的是心理素質。那個時候的我缺乏信心，遇到壓力就無法展現所有的能力。到了高中三年級，我的自信終於足以讓我入選校隊（卻在板凳上坐完一整個賽季）。

到了大學，我的練球習慣不好，所以在大三那年被踢出校隊。往後的人生並不容易。我在大學畢業之後，還沒有成為職業球員之前，做的頭兩份工作，是在 Foot Locker 鞋店及 Bally Total Fitness 健身公司。

後來我轉換跑道，從職業運動員變成商人，運用的也是我在這本書介紹的方法。我把我的哲學與你分享，好讓你也能登上實力巔峰，而且永遠保持巔峰狀態。

你的實力

我在二〇一五年從職業籃球退休。很多人問我為何要離開，畢竟我當時的狀態很好，每天鍛鍊身體，也不曾受過重傷。也許你會好奇，**任何一個**職業運動員除非年紀太大，或是傷病因素，否則怎麼會想退休？我們是不是厭倦了尖叫的球迷、輕鬆的工時，還有豐厚的收入？當然不是，這些是職業運動員生涯的迷人之處，很少人能輕易拋下。對我自己，還有被我問過這個問題的眾多前任職業運動員來說，真正讓我們離去的，是日復一日的苦差事。要維持巔峰狀態，就必須不停訓練、恢復、準備，身體與心理兩方面都要兼顧。這些事情是我想告別的（到現在也不懷念）。對於球賽、球迷，還有我所得到的關注，我從來不覺得厭倦。我只是再也不想像職業運動員那樣投注心力鍛鍊身心。當初就是因為投注心力，才引發了一連串的發展，讓我走上備受拘束的職業運動員生涯。

這種情況不只發生在運動場上，也會出現在董事會、新創事業，任何一個地方都有可能。無論你從事哪一種行業、資歷有多深，一旦不想再繼續提升自己，就要告別戰場。

問題是有些人明明早已懈怠，卻還是停留在戰場上。

每個戰場都有贏家跟輸家。有人說在最艱難的戰場，才能看出一個人的品格。那些認為輸贏不重要的人，往往就是輸家。這本書的目的是要教你當個贏家，要告訴你怎麼準備、怎麼表現、怎麼製造成果，最後享受戰利品。這個過程可能會、應該說一定會很辛苦，你會遭遇挑戰。但等到你成為你想成為的人、做你想做的事、擁有你想擁有的，得到的回報也會超過你所有的努力與犧牲。

要注意，我並沒有說這個過程一直都會很有趣。面對競爭與工作，你不見得一定要很喜歡、很興奮。無論在哪一個戰場，當贏家的唯一條件是具備心理素質。有堅強的心理，就會有強健的身體，讓你做好準備，拿出最好的表現。

美國以外國家的某些運動聯賽，實行的是**降級**制度，也就是聯賽中成績最差的球隊，會被下放到低一級的聯賽。低一級的聯賽表現最好的球隊，則會升上高一級的聯賽。商業界也有一套類似的規則，長期表現不佳，或是原地踏步的人會被淘汰。

看你的本事

你如何持續提升你的心理素質、投入賽局？

提升心理素質的四大原則

「投入賽局」哲學共有四項結果導向的原則，可以套用在各種行業、各種工作、各種嗜好，也適合各年齡層的所有人：

一、**紀律**：日復一日努力。

二、**自信**：勇敢展現自己，讓外界看見你、聽見你、評斷你。

三、**心理堅強**：即使還沒看見努力的成果，也要繼續保持紀律與自信。

四、**積極進取**：願意冒險，相信自己，把握機會也創造機會，主動創造契機，而不是等待契機。

回頭看看你所擁有的成果，無論是工作還是人生，無論是否領取酬勞，只要是確實有成果，有一些成就感就行。你會發現，你的成功少不了「投入賽局」的四個原則。

養成「投入賽局」的習慣

我每次看勵志書，就像你現在看的這本，總會不由自主問自己，**我要怎麼記住，怎麼運用這些訣竅？**答案就是把學到的內容予以內化。

內化比記憶更為深入。內化的意思是重複運用新的知識，使其成為你這個人的一部分。重複能促進記憶，好比說你反覆閱讀這本書，會比較容易記住內容，但僅僅是重複，並不足以發揮資訊真正的價值。資訊要**使用過**，才真正屬於你。希望你也能把這本書的內容予以內化。

我後來入選賓夕法尼亞州立大學阿爾圖納校區的籃球校隊。我的學校屬於全美大學體育協會第三級男籃錦標賽。說句老實話，第三級的球員多半都知道，大學四年就是運動員生涯的終點站。比起我在阿爾圖納的隊友，我的體能非常突出，就算只發揮一半的速度，也能勝過他們。我也就天真的以為，以後都會這麼順利。

有一天，我跟兩位校隊的隊友到位於附近的賓州洛雷托、屬於第一級錦標賽的聖法蘭西斯大學湊隊打球賽。你如果在電視上看過職業籃球賽，就會知道幾乎每個球員都來自第一級錦標賽，也就是像聖法蘭西斯大學這樣的學校。他們是食物鏈最頂端的球員，因為擁有運動天賦，拿到學校給的全額獎學金。第三級的學校連運動員獎學金都沒有。

這一天，在聖法蘭西斯的一次進攻，澈底把我打醒。

我展開快攻，朝著籃框往前衝，右手抓著球，準備來一個戰斧灌籃。場上唯一有機會阻止我的人，是身高二〇〇公分的聖法蘭西斯球員，名叫克里斯。我是阿爾圖納體能最棒的球員，他是洛雷托體能最棒的球員。

我跳起來，克里斯也**跳起來**。我們在空中相遇，球距離地面有十一呎高（籃框是十呎高），位在籃框邊緣右側九十公分。我只記得接下來我整個人仰躺在地上。原來克里斯輕輕鬆鬆蓋了我的火鍋，在半空中搶走我手中的球。他站在倒地的我身旁，手上還拿著球。我衝刺到一半戛然而止，整個人摔在地上，大家都圍過來看我有沒有受傷。我摔得這麼重是有點痛，但真正需要冰敷的，是我受傷的自尊。

那天晚上我在回到阿爾圖納的車程當中，想通了幾件事。

第一，我以為我的球技已經稱得上是職業籃球的飯票，沒想到對這些第一級的球員來說，連開胃菜都算不上；第二，我在阿爾圖納遇到比較弱的對手，不必全力以赴，都能輕鬆取勝，現在對上聖法蘭西斯這些頂尖好手，就沒辦法用同樣的心態取勝。心理素質對我來說是必備、不是可有可無的選項；第三，這件事發生在我大學四年級的下學期。我以後在職業籃球遇到的球員，會跟這個硬生生攔下我灌籃的傢伙一樣厲害。我需要磨練球技，而且動作要快。

任何一種運動，尤其是籃球，只有不到百分之一的人能成為職業運動員。在職業等級，每個運動員的體能都很好（商業界也是一樣，專業的商業界人士，個個都具備知識、學歷與經歷）。一旦踏上職業等級，包括知識、體能之類的技能，就會派上用場。你**必須**先有技能才能進入職業等級，但是**光有**技能，職業生涯也不會長久。

看到這裡你也許會想，如果每個職業球員都有技能，那為什麼有些是全明星賽的明星球員，有些卻只能坐板凳呢？在商業界也是一樣，為什麼有人能成為執行長，有人卻只能當萬年中階主管？為什麼有人能成為傳奇，有人只能當一輩子的「潛力股」？

差別在於**心理素質**。

在每一個等級（運動場、高中、大學、職業），我都遇過體能比我更好的隊友及對手（身高比我高，跑得比我快，跳得比我高），但他們都只停留在一個階段，無法突破。有些人缺乏自信，在關鍵時刻無法展現所有的實力；很多人缺乏紀律，沒辦法專心培養實力，不去理會別的事情（毒品、酒精、把妹、混街頭）；也有人缺乏堅持到底的毅力，即使擬定了計畫，只要遲遲看不到成果，就不肯繼續努力。

如果每一個籃球員都知道「投入賽局」原則，也願意實踐，那我就不會成為職業籃球員，因為會有太多比我有天賦的球員跟我競爭。上帝確實賜給我一些能力，但我還是努力培養心理素質，以彌補天賦的不足。我現在仍然這樣做，你也會學到訣竅。

誰都沒有缺乏心理素質的本錢。在職業等級，競爭對手都是頂尖人才，沒有垂頭喪氣的空間。就算旁邊那個人確實比你優秀（暫時的），你也要完全相信自己的實力。就算你對自己的本事沒信心，也不能表露出來，否則你的缺陷就會成為別人攻擊你的把柄。而且殘酷的現實是，到時候的你不會像那天在聖法蘭西斯的我，摔倒在地還有人圍在身旁關心。

你想當什麼？

我在二〇〇四年從賓夕法尼亞州立大學阿爾圖納校區畢業，拿到商業管理與行銷學位之後，搬回我父母位於費城的家。搬回家還不到四十八小時，我媽就找我「談話」。在我爸媽的臥室，媽問我現在畢業了，對未來有什麼打算。

當時我的籃球夢還只是一個夢，可是我並不「務實」，所以我跟爸媽說，我想當職業籃球員。

媽媽摺衣服摺到一半停下來，瞪大了眼睛看著我。爸爸原本半面向著我，現在轉過來直視著我。

「你想當**什麼**？」媽媽的口氣不像問話，比較像罵人。

「我要打籃球。」我弱弱地說。

我媽半是生氣、半是疑惑地問道：「去哪裡打？」

我坦誠以告：「我還不知道。」

媽媽開始三分鐘的疲勞轟炸，總結她二十二年來對孩子們的期許。她說，她付出了多少時間與精力，她的一雙兒女，也就是拉托雅與我，才能得到最好的教育。她認為我們應該完成學業，找到體面又穩定的工作。

我們家的高材生拉托雅沒有辜負我媽的期許。她握有賓州大學與史丹福大學的好幾個學位。媽媽的期許我已經完成百分之九十五，但現在說了一句想當職業籃球員的話，等於害媽媽犧牲了這些年，只換來我的一場白日夢。至少她是這麼想的。

對我媽來說，我的籃球夢是存心糟蹋她二十二年來含辛茹苦、攢錢養家的功勞。媽媽對我說了一句話，這是她談話中第一次、也是唯一一次提到籃球：

她說：「你想打籃球，那就去加入男籃聯賽什麼的！」

我爸沒說什麼，倒是給我兩個意見：

一、他建議我到 CareerBuilder.com 之類的網站，找一份工作。我到現在還是討厭 CareerBuilder.com。

二、他跟我說，以前兩個孩子年紀還小的時候，他有機會到各地巡迴表演音樂，但他拒絕了，因為當時有全職工作，沒辦法請假，還有老婆跟兩個稚子要養，不能辭掉工作。

我搞不懂他的第二個意見是什麼意思。難道是說自己真心想做的工作不重要，找個穩定的工作才重要？做自己喜歡的事情，就**不可能**養家活口？

這一次談話，如果稱得上是談話的話，並沒有維持很久。爸媽說的每一句都有道理，也都是實情。任何一個有腦袋的人，都不會覺得我的籃球夢可行。於是，身無分文，沒有工作，無論在籃球還是哪一行都找不到「錢途」的我，回到房間哭泣。哭泣不是因為傷心，也不是因為爸媽不支持我的籃球夢，而是因為我很生氣，我撼動不了鐵打的事實；我很生氣，爸媽叫我要「務實」；我很生氣，念完四年的大學，看見的真實世界竟是如此醜陋。

我還是相信我能完成所有的夢想（有名、有錢、是粉絲心中的偶像），但讓我堅持下去的，並不是信心，而是決心。我下定決心要證明無論遇到任何情況，我絕對不會讓他們（爸媽、以前的教練、對手球員、大學教授、同儕）贏。

無論這叫什麼心態，反正對我來說確實有用。

二〇〇四年我在房間哭泣的那一天，我的情緒激動到極點。就是那種人生難得會有的經驗，讓你永遠不會忘記當時發生了什麼、你人在哪裡，又有誰參與。那些在我們最激動的當下發生的事情，會深深烙印在我們的潛意識，即使激動的時刻早已遠去，仍然會繼續主宰我們的行為。那些激動的時刻會影響我們的人生，決定我們成為怎樣的人。我所說的這個時刻，是後來的一切之所以會發生的原因。

那天情緒沸騰的我流下的淚水，是我之所以成為職業籃球員，也是你手上的這本書會誕生的唯一原因。

那是我最後一次哭泣，因為那是我最後一次覺得完全無力成就自己的人生。經過這一次，我絕對不會再有這種感覺。

我也確實再也沒有這種感覺。

你是哪一支球隊的？

無論是練球還是在場上，我總想知道旁觀者眼中的我，跟我對自己的評價是不是一樣？有時候我一個人練球，表現厲害到我好希望能留下影片給別人看。我在大學期間的幾次灌籃，絕對堪稱經典，問題是體育館沒有攝影機，所以不在現場的人永遠看不見。後來我總算有了我打籃球的影片，打得好的時刻也保留下來，我決定要好好保存，放在安全的地方。

大學畢業一年之後，我打算參加我的第一場職業籃球選秀營。你問我什麼是選秀營？就像運動員的就業博覽會，只是我們不會到處握手、發送履歷，而是帶來裝備打比賽，希望會有教練和老闆賞識。

我報名佛羅里達州阿爾塔蒙特斯普林斯市的 Infosport 選秀營。我跟兩個大學校隊的隊友，在選秀營的前一天晚上開車從費城出發。我在選秀營表現很好，球探報告的評價不錯，每一場比賽都有錄影留存。有了影片，我的籃球球技終於有了證明，可以向職業籃球的決策者證明，我的實力足以進入最高殿堂。

我在選秀營的表現，開啟了我的職業生涯。那年夏天，我與我的第一位經紀人簽約，很快就開始在立陶宛的考納斯市打職業籃球；後來又加入美國的一支巡迴球隊，之後又到墨西哥。這些都是我大學畢業後兩年內發生的事情。我的籃球夢正式起飛，之所以能起飛，是因為我的實力有影片為證。

唯一的問題是，我的影片是一卷VHS錄影帶。

如果你不知道什麼是VHS錄影帶，只要知道是一種實體的影片就好，也就是說一定要拿到錄影帶，才能看見內容。幸好在當時，數位網路影片已經漸漸普及。

我把VHS錄影帶的內容燒錄在CD，把CD放進桌上型電腦的光碟機。二〇〇六年四月二十八日，我在一個叫做YouTube的新網站，發表了我的第一支籃球影片。我這樣做不是想博取關注，純粹是要保存影片而已。當時的我並不是知名運動員，也從來沒上過電視。我覺得應該不會有人看見卓瑞·鮑德溫的影片，更不用說搜尋我的影片。

我想得沒錯。沒有人在搜尋**我**，但有很多人在搜尋傳授籃球技巧的影片。

在二〇〇六年，無論是籃球還是其他運動，沒有人發表免費的教學影片。幾個月之後，我登入YouTube，只是想看看影片還在不在，這才赫然發現一個新的機會。我看見的讓我大吃一驚。

我的影片竟然有人**回應**。

竟然有活生生的真人看完我的三分鐘精采集錦，還留下意見和問題：

你是哪一支球隊的？
你念過哪個學校？
誰教你打籃球？
你有沒有參加過NBA選拔？
你垂直跳能跳多高？
你多久練球一次？
你能不能再製作一些（投籃／運球／跳躍／防守）的影片？

我好興奮。他們問的都是一些我**做得到**、也可以解釋的事情。我只需要做成影片就行。於是我每天都帶著價值一百美元的全新數位攝影機，到體育館拍攝自己的影片。從二〇〇六到〇九年，我創造了分享籃球教學影片的新事業，現在全世界有成千上萬的人從事這個行業。

我起初只是偶爾在YouTube發表影片，訂閱人數雖然不多，卻也在慢慢增加。他們想多了解這個偶爾在叫做YouTube的新網站上，發表籃球影片的傢伙。隨著我發表愈來愈多關於訓練與技巧的影片，觀眾開始問起我打球的心態，也就是下面這些問題：

- 你連續三年沒選上高中校隊，是如何保持信心的？
- 你（有一些時間）沒跟任何球隊簽約，怎麼還會想每天到體育館練球？
- 真的很感謝你分享影片。我今年二十七歲，很多人都說我現在追逐籃球夢已經太遲了。看見你每天練球，我相信我也能做到。謝謝你！
- 我們知道你想跟球隊簽約，想打職業籃球，那你把影片放在YouTube上面又是為什麼？你能得到什麼好處？

我回答這些問題，也開始談起我的籃球觀與人生觀，也就是以堅強、信心與紀律為基礎。二〇一〇年十月四日星期一，我推出「每週動力」系列，每星期討論一個不僅適用於運動，也適用於人生的主題。我後來把這些內容寫成兩本書《心理手冊》和《動力是一面鏡子》。

我在二〇一五年決定告別職業籃球時，已經透過網路，帶給數以百萬的人正面的影響。這些人包括運動員及非運動員。現在我把從經驗累積出來的心得，藉由諮詢、播客、演說與寫作與他人分享。我把人生與職業生涯結合在一起，成果就是你手上拿著的這本書。

這本書不是要教你成為職業運動員、職業講者、職業播客，也不是要帶領你進入任何一種行業，而是要幫助你將潛力發揮到極致，實現你的夢想。你**總有**一個夢想。

你能得到什麼

這本書講的是我建立職業籃球之路、我的個人品牌，以及我的公司的心態。你從這本書會學到的最重要的技能，是無論從事哪一個行業，都能成為真正的專業人員。專業人員的定義並不在於合約、頭銜、金錢。並不是穿上西裝就代表專業，就好比穿上喬丹鞋並不代表會打籃球。專業的定義是無論你心中有哪些情緒，每一次還是能照常完成任務。

這本書不是要讓你一時看得很高興，然後就放在書架上積灰塵。這本書的目的，如同我二〇〇五年到現在所發表的影片、部落格文章、著作、直播、播客，以及訪問，都是為了幫助大家改變人生。

你有機會將你的實力最大化，把機會發揮到極致，只要你認同以下四個原則：

一、**心態決定一切**。一旦擁有正確的心態，所有的事情都會順利。

二、如果你看完這本書覺得不錯，然後把書放在書架上，完全不去實踐從書上學到的東西，那並不是我的問題，也不是這本書的問題，而是你自己的問題。**你一定要努力運用所學**。

三、**如果你吸收，相信，也實踐這本書給你的建議**，你的心理素質就會上升到一個新的層次，與各行各業最頂尖的百分之一的人相同。

四、你有多相信這本書能幫助你，這本書給你的幫助就會有多大。換句話說，**你相信什麼，期待什麼，通常就會得到什麼。**

等你準備好要把人生提升到全新的層次，就翻到下一頁，開始投入你的賽局。

第一章

大腦的訓練

體能訓練是運動員訓練很重要的一環，心理訓練會開啟你的體能。你的大腦就像一塊肌肉，需要每天運動，才能保持敏銳強壯，你的身體也是一樣。

在籃球運動，跑動其實比投籃或運球重要，所以體能訓練是球賽準備工作的重點，但也是沒人喜歡的苦差事。籃球的體能訓練包括全場衝刺跑、跑山，還有翻轉輪胎訓練。我敢說一定還有連我都沒聽過的新招數。

有一種訓練我敢說每一個籃球員很熟悉，就是「自殺」（又稱「跑線訓練」）。訓練方式很簡單，以基線（籃框後的界外空間）為起跑點，用衝刺的速度跑向球場的四個點；第一，從基線跑到球場的四分之一，再跑回來（跑到罰球線最遠的點）；第二，跑到一半的距離再跑回來（到半場線）；第三，跑到球場的四分之三再跑回來（到另一邊的罰球線）；第四，跑到球場的另一頭再跑回來。

自殺訓練會跑到腿很累，不過最難受的還是肺像有火在燒一樣，喘不過氣來。

這種訓練對心血管有益，不過籃球教練也常用這一套，處罰違規的球員。我們每次「自殺」，總覺得籃球場的長度比在電視上看到的長很多。訓練大腦雖然不會讓身體疲累，卻也需要耐力與毅力。

在這一章，你會學到如何訓練大腦，做好萬全的準備，迎接人生的諸多挑戰。

勝利的號角

說到熟悉的傳奇名將，你可能會想起拿破崙、漢尼拔、凱撒，以及亞歷山大大帝。

亞歷山大從不怯戰。但在某一場戰役，他的軍隊陷入困境。他向來以與將士並肩作戰聞名。他觀察完戰場，決定最好的策略是撤軍。活下來才能改日再戰，留下來只會傷亡慘重。亞歷山大示意位於後軍的號角兵吹響「收兵號」，通知全軍撤退。

亞歷山大繼續戰鬥，可是等了幾分鐘，收兵號還沒響起。亞歷山大再次示意，還是沒聽見收兵號。這可是名符其實的生死關頭。亞歷山大親自前往後軍，命令兵士把號角兵帶過來。號角兵一來即心虛的解釋，由於軍隊總是**打勝仗**，他太習慣了，所以沒有帶收兵的號角。

戰事還在進行，亞歷山大的軍隊還在節節敗退，他一定要趕快想辦法。

他想到了：既然我們只有勝利的號角，那就吹響勝利的號角。

後來怎麼了？

沒想到勝利的號角一響起，原本以為必敗無疑的亞歷山大軍隊，竟然重振旗鼓，反敗為勝。

亞歷山大的軍隊對於號角的心理反應是個關鍵。士兵們各自看不見整個戰場的情況，但整支軍隊都受過訓練，聽得懂勝利號角的意思，知道只要眾將士傾盡全力，再拚最後一次，就能澈底解決敵軍。

這個故事跟你的工作有什麼關係？

想像一下你在某個上班日的最後一小時，在健身房的最後一場訓練，或是某個上學日的最後一堂課。你已經疲憊不堪，但知道只剩下**最後一件事**要做，無論是最後一通電話，最後一場會議，最後一個任務，還是最後一次訓練，我們只要知道終點線就在眼前，就一定能打起精神完成。所以你現在知道只要你想要或是需要，就能訓練自己盡全力「搞定」，至少可以擁有短暫的爆發力。心理訓練的目的，就是要讓這種爆發力，能在日常生活中正常發揮。

吹響你自己的號角

你的勝利號角是什麼？你為了全力衝刺，完成最後一哩路，會用怎樣的想法或是信號激勵自己？你有沒有一套吹響號角的固定流程？

無論你的答案是什麼，我們先來看看要怎麼建立信號與固定流程。

一、**選擇一個信號**：哪一個信號能告訴你，全力衝刺的時刻到了？你應該選擇一個你自己能完全控制的信號，一有必要就能吹響號角。身為運動員，我習慣在熱身時，在球衣外面穿一件短袖T恤。對我來說，脫掉那件T恤，就表示上場時間到了。

二、**建立一套固定流程**：把這一套流程想像成音樂會或戲劇開始之前，你在舞臺上架設攝影機、燈光，還有麥克風。等到聚光燈亮起，布幕升起，就是你應該吹響勝利號角的時刻。這一套固定流程是你的勝利號角的舞臺。身為籃球員，我有一套動態熱身運動：膝蓋抬高、迴旋踢、這兩種動作的動態伸展、臀部搖擺、動態腿筋伸展、小腿伸展。這一套做下來，我的身體就做好了上場的準備。既然已經是習慣動作，我不需要刻意思考也能完成，就可以專注在上場之後的表現。

三、**做功課**：歌手上場前要先校音，銷售人員報告前要先排練，演員也會彩排。完成這些準備工作，等到正式上場的時候，他們的大腦已經進入上場模式。身為籃球員，我嚴格遵守至少十比一的練習比賽比率，意思是說我每打一場比賽（不只是跟球隊一起參加的正式比賽，也包括半場的一對一，還有湊隊的比賽），都會單獨練習至少十次，提升我的實力。

與勝利號角相反的，是你**絕對不能**吹響的負面號角。負面號角會趁你不注意，在你的潛意識自動響起，而你必須消滅這些聲音。負面號角包括：

- 放棄
- 事後批評自己
- 懶惰
- 自憐

認識這些負面號角之後，問問自己：負面號角在哪些情況時，會在我的腦中響起？

亞歷山大的軍隊受過訓練，一旦聽見號角，無論號角響起之前戰況如何，都能解決敵軍。你想聽見**你的**勝利號角，就必須消滅那些無用的號角，也要排除那些會吹響負面號角的心理信號。

滅蟻行動

我這個過來人可以告訴你，家裡有螞蟻入侵真的不好玩。螞蟻的身體很小，鑽得進任何有縫隙的地方。看到一隻螞蟻，就表示附近有無數隻。把家裡澈底清掃一遍，或是使用有效的殺蟲劑，都能消滅螞蟻，但你還是要再次確認過，家裡沒有任何會吸引螞蟻再度光臨的東西。

我們的大腦也有螞蟻（ＡＮＴ），叫做**自動負面思考**（automatic negative thoughts）。這種螞蟻的壽命長達很多年，以啃噬你的思考為生。大腦的螞蟻比你自己還了解你大腦的地形，而且要消滅這種螞蟻可不容易。

你是否看過那種無論處在什麼狀況都會生氣的人？或是那種就算眼前出現一個機會，卻馬上聯想所有可能隨之而來的危險，以及**會失敗**的理由的人？而這只是諸多螞蟻中的其中兩隻。

自動負面思考會隨著反覆出現的念頭，進入你的潛意識。你的思考會受到你傾聽的對象、傾聽的內容、所處的環境，以及閱讀、收看的內容影響。自動負面思考會讓你習慣成自然，甚至入侵你的言談，除非你主動出手消滅，否則會永遠盤據在你的大腦。接下來我要介紹「滅蟻三部曲」。

第一步：抓出自動負面思考

消滅自動負面思考，永遠擺脫這種困擾的第一步，是要了解你的思考習慣。史丹福大學前醫學教授立普頓博士曾說，人們在日常生活中的思想，至少有百分之八十五來自潛意識的習慣。也就是說大多數的思想其實都不在我們的控制之下，我們甚至渾然不覺。

自動負面思考就像真正的螞蟻，想消滅它們，就必須搗毀它們的巢穴。若是發現自己對某個情況的反應很負面，就要有所警覺，也要思考負能量從何而來。答案會幫助你找到自動負面思考的老巢。

第二步：自動負面思考確實入侵？不要苛責自己！

如果你發現你有自動負面思考（一定會有，因為每個人至少都有幾隻這種螞蟻），那你至少已經知道自己具備發現這個問題的能力。大多數人連自己有這個毛病都不知道。而你現在就能出手解決。

第三步：消滅自動負面思考

你發現自己有了負面想法，就要馬上想起與眼前情況有關的至少兩個正面想法，來抵銷這個負面想法。用正面思考取代負面思考，你的大腦也會轉向理想的方向。

誰是老大？

我在前面說過，我們的思想有百分之八十五來自習慣。言行舉止會依循一貫的模式。人類的生活一般而言就是以習慣為基礎，從習慣睡床的哪一側、開車的路線，一直到肢體語言。我們的生活如果有哪個面向需要改善，就要從那個面向的**習慣**開始做起。

根據《新牛津美語字典》，**習慣**的定義是「一種固定的傾向或做法，尤其是難以放棄的傾向或做法」。習慣會減少大腦的負擔，就好像助理分擔你的工作。每養成一個習慣，就代表少了一件事需要思考，因為你的反應發生在潛意識。這樣看來，習慣是有用的。養成了習慣，我們就不必每天煩惱上班該走哪一條路，又該怎麼綁鞋帶。但並不是每個習慣都有用。我們也會養成無用的習慣，而且多數人都覺得自己無法控制無用的習慣。於是你常會聽見「我這個人就是這樣」、「我沒辦法」之類的話。要是我們被習慣主宰了，人生絕對會原地踏步。

舉個例子，我從小就有吃糖果的習慣，而且是狂吃。Skittles 彩虹糖、Nerd 書呆子糖，還有 Mike and Ike，反正只要五顏六色的水果口味就好，我還喜歡 Sugar Babies。這種壞習慣當然會對我造成影響，而且是不好的影響：才十六歲的我就得補六顆蛀牙。愛吃糖果的習慣確實「起了作用」，就是損害我的健康與牙齒。

有一天，我的一位直播觀眾問到，我演說不會看筆記，也不會停下來思考接下來要說什麼，那究竟是如何保持沉穩，一直說下去？我說那是因為我做影片、直播、播客，以及撰寫內容，養成了隨機應變的習慣。我不需要「事先」準備，就能想出一個主題，侃侃而談。而這個說話不必停下來思考的本事，並不是我在網路上分享內容的原因，但這種習慣還是起了作用。

要知道，你的人生從頭到尾都反映著你的習慣。你要是跟我一起站在邁阿密海灘的一角，看著來來往往的人群，只要看看他們的體態，就能大致猜出每個人的運動與飲食習慣，畢竟習慣是藏不住的。

別人得以了解我們，我們得以了解自己，都是藉由我們最持久的行為或習慣。你運用身體、大腦、時間、金錢、精力等資源，持續在做的事情，造就了你這個人。你的習慣形成的獨特組合，就是你的性格，而性格又影響了你的命運。

習慣能幫上你的忙

你如果參加過員工考核會議，就應該知道這種會議是幹嘛的，說穿了就是審判你的工作表現。老闆讚美你做得好的地方，也告訴你哪些地方可以做得更好。不見得每個員工在會議結束後都能保住工作，但人生就是這樣。

如果把習慣比喻成一家公司，你同時是老闆、所有人、主管**以及**人力資源經理。績效考核的頻率，應該要比企業界頻繁得多。

你應該每天檢討你的每一個習慣，而不是每六個月或十二個月才檢討一次。每天檢討你的習慣，都要問自己，**這個習慣對我有沒有幫助？會不會讓我成為更好的人？能不能幫助我達成目標？**

如果答案是「是」，那就恭喜你啦！習慣能助你一臂之力，幫你實現夢想。

如果答案是「否」，那你有兩個選擇：

一、習慣要是還能調整，就想想應該怎麼做。舉個例子，遇到人生當中「脫稿演出」的事件，你的心中大概會有一些反應。與其想，**我怎麼老是遇到這種事？**還不如想，**這件**

事能帶來哪些機會？你會發現問題的習慣還在，但已經從負面轉為正面。

不擅長三分球的籃球員，要是能調整投籃方式，長期下來應該會有所進步。要是就此放棄投三分球，那就永遠都不會進步。壞習慣要是還能調整，就出手調整。

二、**馬上戒除壞習慣，以有益的新習慣取而代之。**哪個習慣適用於眼前的局面，對你又有好處，而不是有害？例如一個人要戒除酒癮，就最好不要再去從前那些會引發他喝酒的地方，而是改去其他地方。所有與喝酒相關的習慣都要澈底戒除。

這兩種方法很難說孰好孰壞。但無論採用哪一種，重點在於要知道哪些習慣可以調整，再著手調整；或是知道哪些壞習慣需要戒除，再予以戒除。

養成正面、有益的習慣，趕走無用的習慣，就等於開闢了一條道路，帶你邁向下一個等級。

升上新等級

將你的實力發展到新的等級，牽涉的不只是技能提升而已，還要開創你自己的、專屬於你的人生新願景。舊的你必須離去，讓位給「全新改良版」的你。只要三個簡單的步驟就能做到：

第一步：改變你對自己的想法

你對自己的想法，決定了你會擁有怎樣的人生。我們眼中的自己，往往反映出別人對我們的看法，例如父母希望將我們的人生帶往某個方向；朋友自以為知道怎樣最適合我們；還有那些唱反調、貶低我們夢想的人。我們常常也就活成身邊的人所設定的樣子。

現在要開始改變的，正是這些我們在不知不覺中所接受的、來自別人的看法。想想你真正要的是什麼，你的人生真正想追求的又是什麼，然後再想想這個問題：你需要成為怎樣的人，才能實現目標？你是一輩子的板凳球員，還是不受賞識的先發球員？你是收發室的小人物，還是未來的執行長？你是失業又沒履歷，還是即將成立下一個翻轉整個產業的新創公司？你認為自己是什麼，你就會成為什麼。

第二步：改變你認為自己做不到的想法

你覺得哪些能力、成果與現實是一輩子也得不到的？你是否曾努力爭取過？哪些是你**沒有**努力爭取過，因為你認為那些你能控制、或無法控制的原因，例如性別、國籍、家庭教養等因素，將造成你的失敗？一旦檢驗這些想法，你就會發現你的能力，以及潛力，都遠遠超出自以為的水準。

第三步：做全新的你會做的事情

從全新的角度思考。全新的你會怎麼做？會有怎樣的言行舉止？會如何思考？會做哪些事情？絕對不會再做哪些事情？成為全新的你，全新的心態會帶來全新的行為，全新的行為會造就全新的結果。用你的行為，實現前面這些問題的答案。

一定會有不適應期，要堅持下去

升上人生的新等級是件很好玩的事。你會發現原來你擁有從前不可能發現的能力。拋棄以往那些侷限自己的錯誤想法，會為你打開全新的世界。

但我也要提醒你，全新的世界並不是一切都美好。新的生活方式，也會有難以適應的過渡期。

我們每個人都有內心的聲音，經常在大腦響起，對我們說我們是誰，不是誰，喜歡什麼，想避開什麼。存在已久的內心聲音，並不認識升級版的你的行為、思想與觀念。除非不斷極力強化升級版的內容，否則大腦會排斥新心態，以及新心態所代表的一切，因為舊的你還無法適應。

因為不適應而感到排斥，正是許多人無法成長、提升的原因。他們不是**不想**成長，而是**舊的自己**太根深柢固，無法想像能成為新的自己，能做別的事情。不要讓自己陷入這種困境。保持警戒，抓出那些倚老賣老的「舊等級」思想，別讓它持續掌控全新的你。

問自己一個更好的問題

二〇〇〇年代初期，蘋果公司發現，如果要與市場上的每一家電腦公司競爭，會是一場徹頭徹尾的血戰。因此蘋果不去研究別人都在研究的問題，也就是「**該如何比競爭對手賣出更多電腦？**」，而是研究一個更好的問題：**該如何將競爭對手消滅一空？** iPod 與 iPhone 就是這種心態轉變的成果。

根據《反叛者》系列紀錄片，音樂大亨德瑞博士經常拒絕代言邀約，有一家公司甚至想請他代言一整個鞋款，他也立刻拒絕。他埋怨找他代言的都是一些平淡無奇的小品牌，所以他不肯點頭。他的合夥人洛維恩倒是問了一個更好的問題：德瑞博士這位音樂界的傳奇如果不賣**運動鞋**，而是賣**揚聲器**，會不會更理想？這個更好的問題，造就了後來的 Beats Electronics 公司，生產人氣商品 Beats by Dr. Dre 耳機。這家公司後來在二〇一五年由蘋果公司以三十億美元的價格收購。

問一個更好的問題，就能消滅潛在的問題，創造新的契機。蘋果就是一個很好的例子，看看這家公司現在的成就。

思考是我們清醒時，在內心反覆自問自答的過程。如果你看過厲害的律師在法庭上的表現，就知道他們問的問題，能將對方的答案加以限制，導向他們所要的方向。同樣的道理，你在內心問自己的問題，也會操縱你的思想與成就。

那要怎麼問比較好的問題？首先要了解人們的思考是有慣性的。你很少會意識到要思考什麼，你**就是自然而然**思考。所以改變思考習慣的第一步，就跟改變行為習慣的第一步相同：我們必須意識到自己的思考，判斷是否有益。舉一個簡單的問題當例子：**我為什麼在想這個？**

問自己一個更好的問題，也許你會發現過去遇到的種種困境，純粹是因為你一直都在問自己不好的問題。改變問題就會改變答案，改變答案就能改變結果。

成功販賣機

我們都使用過販賣機。成功販賣機賣的不是糖果零食，而是你的目標。我們先搞懂成功販賣機的規則。

規則一：先付錢再享受

太多人都還沒開始努力，就想看到結果；或者是要有人保證一定會有結果。那就應該想想販賣機的原理。你要先投錢，**然後**按鈕選擇商品。你相信販賣機會兌現交易，交付你花錢購買的商品。販賣機在大多數時候也確實會交貨。

成功販賣機的運作原理也一樣。你要先付錢，也就是投資時間、精力、專心、關注，以及金錢。你的思想、言談與行為，都告訴了成功販賣機你想要什麼。最後你也會得到想要的東西，但首先你的人生必須覺得你已經付出對應的價格。我們在第四條規則會再詳細說明。

我知道你現在在想：「可是卓瑞，不見得每次都順利啊。」你說得對。你要是覺得販賣機故障，會怎麼做？你已經付出代價，卻還是得不到成果。我們來看看第二條規則是什麼。

規則二：卡住了？那就搖一搖

我們都有過悲慘的經驗，明明投了錢，也按了鈕，超想吃的洋芋片卻硬生生卡在蜿蜒的出貨通道邊緣。這該怎麼辦？

我大概會猛敲販賣機的玻璃罩（這一招幾乎每次都沒用），要是沒有用，就會走到販賣機的側面猛敲。要是**這樣**還不管用，我就搖晃販賣機（力道不會太大），再來是最後一個辦法：找到大樓的員工，把錢要回來。

人生啊，有時候就像一臺故障的販賣機。你做得都對，都按照規則來，卻始終看不見成果。

第一種（也是最普遍的）反應，是埋怨發牢騷。這就像敲販賣機的玻璃罩，很少會管用。我還看過有人痛苦落淚，或是在灰心喪氣之下決定放棄；我也看過有人看見別人放棄，就拿來當成自己一輩子不嘗試的藉口。

更好的對策是把你面臨的情況當成一臺故障的販賣機，搖晃看看，刺激一下。你可以選擇以下幾種方法：

- 電話一直沒響，你就開始打電話給別人。
- 沒人敲你的門，就去敲別人的門。
- 得不到足夠的關注，就做些事情吸引別人關注。
- 如果你做的事情**都對**，那就換個方法試試看，或者改為另一群人做，或是換個地方做。
- 如果你什麼都沒做，那就**做點什麼**。

你一定要先付出代價，才能用這些方法，因為第三條規則牽涉到後果。

規則三：不要對販賣機耍詐

有些人付完錢卻想拿更多商品，想對販賣機耍詐。以不道德手段獲取的成功，不能算是真正的成功。你沒有付出代價，你所擁有的並不是努力得來的。看看那些自己承認、或是被抓到在職業生涯服用禁藥，因而表現亮眼的大聯盟棒球員。即使在服用禁藥之前就已經擁有球星光環，一旦醜聞爆發，整個職棒生涯就會被很多球迷全盤否定，僅僅因為一次欺騙販賣機的錯誤決策。

要以光明正大的手段追求成功，付出應付的代價。你想買東西卻付不出全額，那就存夠錢再來買。無論你想得到什麼，都要以誠實的方式追求。

規則四：堅持到底！

要是因為販賣機卡住生氣離去，就拿不到你付錢買的零食。你買的零食還是留在原地，等著下一個不屈不撓的消費者來拿。人生的道理也是一樣。要記住，不必因為不順利就放棄。如果你真的想要那個東西，拚命也要想辦法得到。既然你已經付出代價，除非拿到成功販賣機的商品，否則絕對不要離開。與其被看著別人拿走成功，不如你自己拿走。

有多少運動員因為一次選拔失敗就放棄這項運動？有多少人因為顧慮別人怎麼想，怎麼說，就不願提升自己？你知道有多少人明明擁有天賦、資源與機會，能實現所有目標，結果人生卻沒什麼成就？答案是很多人。

沒有運用的天賦與機會會怎麼樣？是……

一、在原地不動直到天荒地老，還是

二、回到宇宙，等下一個人取用？

答案是二。

每天都有人錯過機會。無論是因為挫折、恐懼、缺乏雄心壯志，還是因為不知道機會降臨，總之錯過的機會並不會就這樣消失，而是等待下一個懂得把握的人運用。

這就是有些人看似沒有特別努力，卻能達成超乎想像的巨大成就的道理。他們不只是把握住自己的機會，也把握住那些遇到困難就放棄的人所失去的機會。你想成為頂尖的成功人士，就要下定決心堅持到底，遇到困難也絕不放棄。

規則五：價格會隨時變動

有人問我，如果我現在才起步，會如何推出我的個人品牌？這是個好問題，也不容易回答。我一開始用籃球影片打造個人品牌，等於創造一種全新的商業模式。當時沒有人把籃球訓練的內容放在網路上，連NBA都不曾這樣做，也沒有一個運動員像我這樣，把職業生涯寫成一篇篇的部落格。

現在有成千上萬的運動員在網路上的各大平臺，分享他們能想到的一切（沒想到的也能分享）。網路空間已經過度飽和，與早年相比更難突破。吸引關注的代價比二〇〇六年高出太多，而且還一天比一天高。

這樣公平嗎？不公平，可是誰跟你說會公平？

成功販賣機是這樣的：價格隨時在變，而且往往不會事先通知。

這是無可避免的現實。你能做的是不斷提升個人價值，超越通貨膨脹的速度。

規則六：按對按鈕才能買到你要的

我知道有些人專業能力很強，從外在和做事能力都有模有樣。但是一個人擅長做某事，並不代表他喜歡做這件事。有些人選擇了爸媽希望他們從事的職業，或是師長推薦的學校。他們達到了目標，但這真是他們**想要**的嗎？多半不是。

你投入資源追逐目標，也要確定目標真的是你想要的。一定要活出**你想要的**人生。

成功販賣機往往很無情，但運作原理簡單易懂，也很容易運用。只要投入夠多，販賣機賣的，你都能得到。

第二章

「第三天」以及之後

我在高中時期只能在校隊坐板凳，卻在僅僅五年後就簽下第一份職業籃球合約，靠的就是紀律。

我剛開始打籃球的時候，我家附近那些會打籃球的人，沒有一個知道要怎麼把提升球技的過程解釋給我聽。他們的球技都很好，但並不是刻意養成。他們只是常常打籃球，自然就會進步，沒辦法告訴別人自己是**怎麼**進步的。我知道每一種技能都有一個養成的過程，也決心要了解這個過程。當時的我才十幾歲，卻已經知道我一定要了解這個過程，才能實現籃球夢。

我當時住在費城艾利山，晚上經常到附近的芬雷運動場湊隊打籃球，其實我真正需要的，是單獨練球的時間。跟我同年齡的那些人，每一個球技都比我好太多，所以我不能直接仿效他們，而是要比他們做得**更多**才行。

芬雷的戶外公園是我唯一能接觸到的籃球場，大家都是晚上出來打球，但我發現籃球場下午都沒人。這一點都不奇怪，因為實在熱到不行。近攝氏三十四度的濕熱天氣，誰會想在戶外的柏油路上跑來跑去滿頭大汗呢？你不想，我也不想，可是我別無選擇。下午是我唯一能獨自練球的機會。而且長遠來看，我就是在那個時候培養出紀律與堅持，也是我最有價值的兩項優勢。

紀律與堅持是改變我的人生，幫助我贏得冠軍的方程式，也是我面對人生的一切的方程式。

看你的本事

有時候有些事情之所以沒人做，是有原因的。你要找出**這個原因**。如果是因為不舒適、不方便或是無知，那你可就碰到好機會了。

戒除解釋與藉口

我們浪費很多時間跟別人解釋，那些人會馬上阻止我們行動，但當我們開始行動，他們很快就不再反對。我們還會把我們的目標，告訴那些完全幫不上忙、卻硬要發表意見的人。有些人質問的態度，好像我們有義務向他們解釋。其實他們只是在等待機會，要拿我們以前說過的話，讓我們難堪。

這些人的所作所為，對我們一點幫助也沒有。我們卻浪費寶貴的資源向他們解釋，被逼問還得精心想出藉口。我們還會設想「他們」會怎麼看，會怎麼說，結果反倒讓自己忙得團團轉。其實這些資源應該用來提升自己，追求進步才對。

下列的原則能讓你從此再也不需要解釋與藉口。

不要再向別人解釋你的所作所為

就算你需要向別人解釋，對象也不會太多。不要再向那些與你的人生、以及你的工作無關的人，解釋你的所作所為。反正你不可能討好所有人，又何必這麼做？現在社群媒體無所不在，所以這一點特別重要。你在社群媒體認識的那些長相、姓名都不詳的匿名網友，也會對你這個人、你的工作，以及你的人生說三道四。

不要把寶貴的時間與心情浪費在別人身上，除非他們也這樣對待你（而你也希望他們這樣）。要專心研究如何提升自己，那些對你來說真正重要的人，也會因此受益。

你的目標只適合你

ＭＭＡ混合格鬥選手康納．麥葛瑞格曾說，一個人公開宣布自己的目標，就證明他真的相信這些目標。以他在混合格鬥界的成就，你也許會認為這一招對他來說很管用。我倒不這麼想。他是把相關（我做了這件事，**然後**發生了那件事）跟因果（那件事會發生，是**因為**我先做了這件事）搞混了。康納能成為冠軍，是因為他的技巧、訓練、身體條件、技術、經驗，以及自信。公開宣布自己的目標，也許會讓你覺得應該負起實現目標的責任，但宣布本身並不構成你成功或失敗的原因。

但宣布又有什麼關係呢，你說對不對？把自己的目標昭告天下，有什麼不可以？

德瑞克．西弗斯在二〇一〇年的TED大會，發表名為「別把你的目標說出來」的演說。他說，公開宣布自己的目標，確實會有一點點快感。但是我們的大腦無法分辨，說出**願望**跟說出**成就**的差別。所以我們要是把目標說給別人聽，反而會失去一些完成目標的動力。

唯一需要知道你的目標的，是那些能直接幫助你達成目標（或是你認為能幫助你達成目標）的人。旁觀者幫不上忙，所以也就不需要知道，等目標實現了再知道就行了。不過他們還是會注意你的一舉一動，反正也沒有別的事情可以做。

說到就要做到

要讓別人信任你，說到做到是最簡單的方式；要失去別人的信任，違背承諾是最簡單的方式。你下了決心要做一件事，就等於向自己承諾。真的做到了，就會更相信自己。反過來說，如果你一再違背對自己的信任，沒有做到答應自己要做的事，往後也就很難再信任自己。

所以你要說到做到，完成你的工作，每次都盡到責任，就不需要跟別人解釋。如果你是銷售員，客戶買了商品就要確實交貨。答應了別人會出現，就一定要出現。簽了合約就要遵守。不確定會做的事情，就不要輕易承諾。

如果能拋開老藉口，把目標放在自己心中，而不是昭告天下，就更容易說到做到，認真努力，做出成果。

拿下「第三天」

就算你沒有聽過「第三天」這個名詞，你也一定知道第三天是什麼。

你有沒有放過「不運動假」？在這段日子，你不舉重，不慢跑，一次波比（burpee）也不做。

等假期結束，你回到健身房，有新教練、新運動裝備，還有新的健康觀念。

第一天很不錯。當然鍛鍊並不輕鬆，你也累翻了。可是這才是第一天而已，一切都很好玩，很**新鮮**。第一天結束之後，你看著鏡中的自己，深深吐一口氣，對著自己說：**我要拚下去！**

到了第二天，你半個身體都在疼，但你還是想堅持下去。

還有更多新的運動裝備等著你拆封，你的運動鞋也還有新鞋的氣味。才短短兩天，你已經開始覺得你**很適合**健身房。你走進健身房，就像個常客，連那一位很有禮貌的櫃檯先生，也記得你昨天來過。

第二天的鍛鍊把你整得更慘，你**另外一半**的身體也疼。第二天結束之後，你拖著累慘的身軀回家，看著鏡中的自己，熱忱**稍微**少了一些，對著自己說，**我要拚下去**。

到了第三天，一切都變了。什麼都不新鮮，不好玩了。

你的新運動鞋感覺像是水泥做的。到健身房的路程感覺**稍微遠了一點點**。教練的聲音感覺沒那麼好聽了。你的身體與大腦意見不合。

說第三天難熬，都算客氣了。

第三天來臨

第三天不會只發生在健身房，也不見得只有一天。你也可以有第三**週**、第三**月**。而且無論是作家、會計師、運動員還是電機工程師，每個人都會遇到這樣的狀況。每個人都有第三天。

在第三天，你的紀律再度在你心中浮現。

到了第三天，新鮮感過去了，興奮感沒有了，但該做的事還是得做。我們面對第三天的態度，會決定我們長遠的成就。

第三天的關鍵，是秉持紀律，竭盡全力，即使勉強自己也要堅持到底。沒有堅強的紀律，你撐不過幾個第三天。

無論發生在何時何地，每一個第三天可能會出現三種結果：

一、第三天到來，你卻不出現。你發簡訊給你的運動夥伴：「嘿。我今天不去了。」**那你就輸了**。

二、你出現，卻不夠用心。你人在那裡，心卻不見得**一直都在**。你做完所有的訓練，只是應付而已，不夠認真。**那你也輸了**。

三、你出現，而且全程用心。你全神貫注，準備要完成任務。第三天發現你要奮戰到底，打不過你就只能離去。你展現強大的精力，你的同事看見了，就不敢在工作或是訓練上偷懶打混。你沒說一句話，卻以行動讓所有人負起責任。**你贏了**。

在第三天，你要嘛不出現，要嘛表現平平，再不然就是完全投入，**身心**都完全投入。

拿下第三天的關鍵，是你的心理狀態，以及保持這種心理狀態的能力。身體會自己搞定，因為身體會跟隨大腦。創造這種心理狀態的關鍵，是你保持專注的原因，所以這些原因一定很重要。

第三天帶給你的收穫

你堅持在第三天出現，會得到什麼好處？你只是比那些沒出現的人領先**一點點而已**。領先的幅度實在太小，無論是你自己，還是那些沒出現的人，都看不到也感覺不到差距。有時候你可能覺得自己很傻，何必要比別人多努力呢？簡直覺得白費力氣。其實你比別人多努力的幾天，幾小時，幾分鐘，都是第三天的關鍵。你跟第三天的關係是要經過一番努力，才會變得明顯。

我一開始練習籃球技巧，是獨自練球，沒人指導，當時常常被嘲笑。打籃球的人笑我練得這麼辛苦，成果卻少得可憐。他們的球技比我厲害多了，看看我當時的球技，他們說的完全正確。他們說的是實情，我也沒話講。

當時的我們都不懂第三天的意義，但是幾個月過去了，幾年過去了，我的努力慢慢開始有了收穫。每次我到場練球，球技都會稍微好一些些，不過每天進步的程度並不明顯。那些球技比我厲害、卻沒有練球的人，也就慢慢被**會**練球的人超越。我跟那些嘲笑我的人之間的差距愈來愈小，到最後完全消失。我練球的效率愈來愈高，進步的速度也愈來愈快。

最後我終於趕上，甚至**超越**我欽佩的那些球員，全都是因為我一而再、再而三擊敗第三天。第三天對我來說是助力，而不是阻力。

第三天什麼都知道

我的中學體育老師曾對我說：「作弊或是抄捷徑，其實唯一欺騙的只是自己。」我在很多年以後，才完全明白這句話的意思。

你要是缺乏紀律，原本落後的第三天，就會追趕上來打敗你。這種變化細微到幾乎感覺不到，很多人要等到大勢已去才會發現。也許你覺得每天做的事情，一天不做也無所謂。也許你覺得，**我再放一天假也沒關係**，結果就是慢慢製造出一個怪物。

第三天的因（你在第三天付出的努力）與果（這些努力換來的成果）的距離實在太遙遠，很少人能看出其中的關連。反過來說，這就是很多人想要遵守第三天的原則，卻沒有堅持到底的原因，因為無法馬上看見成果。不停在第三天出現，感覺超級浪費時間（看起來也像）。但我向你保證，絕對不是浪費時間，你只要有耐心，有紀律，能堅持下去，就會明白這個道理。

二〇〇五年，我在 Bally Total Fitness 健身中心推銷會籍，每天都要去那裡報到，因為大部分的薪水來自佣金。就算不是上班時間，我還是會跟可能加入會員的客戶相約見面。

我一天到晚待在健身中心，會員都認得我。久而久之他們遇到了問題，無論是器材故障，還是會籍的問題，都會來問我。這些會員要是有朋友想加入，你猜他們會找誰？

我推銷會籍賺來的佣金，成為我第一次參加職業籃球選秀營的資金。這個選秀營，為我打開了職業生涯的大門。我額外加班，為我自己贏得可靠的名聲，也才能請一個週末的假去奧蘭多，參加那場改變我人生的選秀營。

別聽噪音

你認同第三天的概念，問題是你身邊的人都不信**紀律**這一套。這些人包括家人、同事、隊友等等，跟你都有一些關係，所以你很難斷開他們。你整天面對他們毫無紀律的消極態度，要怎麼堅持下去呢？

我告訴你怎麼辦：不要傾聽他們的話。

聽見是自動的。我在對街喊你的名字，你聽見了就會四處張望，看是誰在叫你。你睡覺的時候要是聽見很大的聲響，多半會醒過來。

聽見是自動的，**傾聽**卻是一種選擇。我輕聲說的話，你要是認為內容很重要，就會仔細聽，唯恐錯過一個字。

你挑戰第三天，就會**聽見**那些魯蛇講的一堆廢話。要當個有智慧的人，不要**傾聽**那些話。封鎖他們的消極，你戰勝第三天的機率就更大。你在六個禮拜，五個月，或是十年累積的第三天夠多，就能拉開跟別人的差距。要記得：你跟那些懶鬼的差距，要經過長時間才看得出來。

結果聽起來很不錯，但過程不見得一直都這麼享受。我這就告訴你會是怎麼樣：

你**會**質疑自己。

你**會**質疑你的計畫。
你**會**覺得是不是在浪費時間。
你**會**很想相信你**確實**在浪費時間。
會有人叫你放棄。
事實**會**打你的臉。
你**會**嘗試又失敗。
你**會**投入時間卻看不到結果。
你**會**覺得自己像蠢蛋，甚至會有人罵你是蠢蛋。
你有時候**會**覺得別人說得對，你就是蠢蛋。
你**會**在第三天醒過來，明知道自己該怎麼做，卻不想做。
有時候你**會**很想睡懶覺、放一天假、打混，或是放棄。

以上這些情況，你一定會碰到的，到時候你的決定**會**成為你成敗的關鍵。
迎戰第三天，全力以赴。

不要放棄

Formula 409 是人氣很高的家庭萬用清潔產品，之所以取這個名字，背後是有故事的。Formula 409 的網站上說，這個名字是要表彰兩位發明產品的科學家堅持不懈的精神。他們決心要發明地表最強大的除油、去汙、抗菌清潔劑，直到生產出第四〇九批產品，才終於覺得滿意，所以才有了這個名稱。

什麼事情會讓你願意嘗試四百多次，直到做對為止？是什麼原因讓一個人有紀律到能這樣做，甚至是這樣想？是教養？環境？工作性質？還是情勢所逼？

都不是。

紀律的關鍵是真心想要達成目標，為了這個目的，願意按照流程，延遲享受。偉大的企業領袖會描繪未來的藍圖、成功的願景，藉此激勵自己的團隊。每一個團隊成員都能看見這個願景，也願意遵守紀律，直到達成目標。

在你的人生中，會有一些事情，一些紀律，是你無論如何都要遵守，都要完成的。我喜歡鍛鍊身體，雖然現在已經告別職業籃球，每天還是會抽空運動。還有一些事情你知道你**應該**做，卻很容易找到藉口不做，例如我從來不熱中打掃家裡。這兩者背後的關鍵因素是一樣的，驅使你做或不做。

你有哪些非常想要的東西，你為了要得到，不惜過著有紀律的生活？你能遵守紀律到什麼程度？你願不願意長期遵守紀律，直到達到你想要的結果？你願不願意運用你現在學到的知識，直到看見結果為止？

如果是，就依照下列的原則，建立你的紀律。

養成出現的能力

除了外型美觀、行駛平穩之外，許多汽車製造商還會宣傳另一個賣點：可靠。可靠的汽車可以開上幾十萬哩都不會出問題，有些車主會買了又買，可靠的名聲經過數十年仍然屹立不搖。有些汽車製造商賣的是奢華、名望與地位，但許多消費者在意的還是安全可靠。換句話說，大家想駕駛的是可靠的汽車。

如果你是主管或企業主，你最重視哪一種員工？是那些最可靠、始終如一的員工；那些即使不是最漂亮，也不是最有天賦，卻總會出現的員工。你欣賞他們的可靠，因為我們向來欣賞可預測、可靠的特質。

紀律是不變的，持續出現就是一種難能可貴的本事。一貫的表現會帶來可預期的結果。所以我們處理最重要的事情，才需要一套標準流程。即使是經驗最豐富的飛行員，在起飛之前也還是會依照標準流程，進行飛行前檢查；經驗老到的外科醫師，在開刀之前也有一套標準流程。

如果只是偶爾才有紀律，是不會得到穩定成果的，所以要始終如一。

成功與勝利的關鍵，在於能不能堅持紀律，能不能一再做同樣的事情。說到籃球，我**每一次**在比賽中投籃的姿勢、所做的動作，都已經練習過成千上萬次。如果你有固定運動的習慣，你大概每一次都會做同樣一套暖身動作。銷售人員或是演說家，也已經將報告或演說的那一套標準內容演練過數百次，使用過數百次，知道聽眾何時會有什麼反應。Dunkin' Donuts 甜甜圈品牌的基礎，是消費者的信任。消費者知道每天清晨五點整，店裡都會供應熱騰騰的甜甜圈，還有剛煮好的咖啡。

做好準備

在動物界，有紀律的動物從夏季到秋季，忙著蒐集、儲存或食用大量的食物，以備冬季所需。做好準備的動物撐過冬季，得以看見春季的新生命。在人類的世界，你擁有能度過冬季般的第三天的紀律，就能抵達職業生涯與人生的春季。而且就像在自然界，你的「春季」便是新機會降臨的時刻。

那些認為紀律很無聊的人，往往是最需要紀律的人。對某些人來說，過著有紀律的日子，好像活在沒有盡頭的寒冷冬季。沒有半點新鮮刺激的事情可做。每天做著例行公事，不熱鬧也沒有獎勵。也許我這樣想不一定對，但這樣看待紀律的人，往往沒什麼紀律。他們把第三天白白耗掉，期盼歡樂的夏天。可惜這些人往往撐不到夏天。

遵守紀律最讓人受不了的就是單調。一再做同樣的事情，往往還要熬上很長的時間，或者（似乎）永遠不會停止。職業運動員的「職業」兩個字的定義，並不是打了幾場比賽，而是在比賽**之間**，攝影機沒有拍到的反覆練習。

遵守第三天的原則，也許不會看見具體的回饋，所以也不曉得自己這樣做到底對不對。看見別人努力的程度不如你，卻享有你所追求的成果，實在很不是滋味。遇到這種情形，也一定要堅持下去。你這樣做**是**對的。你選擇的路**是**對的。你的計畫**是**對的。你**就是**對的人。所謂紀律，就是持續不懈的努力。你擁有正確的方程式，只要繼續實踐就好。

成功不理會你的時間表

成功只會照自己的意思，完全不理會別人的想法。成功不會在乎你的時間表、你的感受、你的人生遇到哪些問題。成功也不會在乎你今天想不想工作。成功想要你的一切，哪怕你再也沒有多少可以付出。成功必須不斷受到照料，否則就會離去。

很多人犯的錯誤，是沒有好好對待成功，等到成功離去才覺得奇怪。那些不尊重成功的人，可能會犯以下錯誤的至少一項：

- **輕視成功。**我推銷產品，可是到現在只賣出三個。
- **不懂得對小事感恩。**我花了那麼多年拿到學位，現在賺的錢連付清貸款都不夠！
- **無法將微小的成功予以擴大。**教練說我今年可以當上球隊經理，明年就能成為球隊的球員。我那麼厲害，怎麼能只做這個，所以我拒絕了。
- **把自己的成功拿來跟別人比較。**我以為我算不錯了，後來看見麗莎才知道，我那點成績跟她比起來根本不算什麼。
- **對成功不耐煩。**我投入賽局，提升心理素質，參加研討會，也聘請教練，卻始終無法擁有我想要的人生。感覺我這麼努力都是白費。

你該做的，是承認並尊重你自己的成績，無論那成績多渺小，也無論你還有多大的進步空間。承認就會得到更多，被你忽視的則會離你而去。

做「對」的事不見得一定有收穫

你沒看錯。

照著劇本走，照著指示做，依循正確的步驟，並不代表一定會成功。把每一件事情「做對」，至少是你認為的對，並不代表你就會搭上成功直達車，這個道理跟我們在學校學到的不一樣。無論是這個世界、局勢，還是人，都一直在變，所以要做好順應眼前局勢的心理準備。人生會時時變動，所以你也要隨機應變。要懂得因應時勢隨時調整，也要知道很多事情不會永遠不變。

常常有運動員告訴我，他們「把每一件事情都做對」，卻始終看不到想要的成績。無論你追求的是升遷、更多上場時間，還是隊友的認同，大多數人往往會在意下列幾項：

處在正確的地方。你所能貢獻的，是不是你所處的環境所需要的？全美國最好笑的喜劇演員，大概不會選在殯儀館登臺表演（嘿，說不定這是個很奇葩的創意喔）。

出現在正確的時機。你所販賣的產品與服務現在有什麼價值？能滿足哪些迫切的需求？來得太早或太晚都不對。有時候我尋找下一份職業籃球的合約，結果球隊告訴我，他們欣賞我的球技，但已經和另一個跟我打同樣位置的球員簽約。這就是正確的地方，錯誤的時機。

擁有正確的技能。也許你的工作能力不差，甚至可以說非常優秀，但你的能力是不是貢獻給真正需要的人？也許你擁有才華，卻向錯誤的對象推銷。一個運動員也許球技不差，但跟隊友相比如果不算出色，就不會得到上場機會。也許他不適合這個球隊。

不要讓百分之十阻礙你

麥可．喬丹在他的第二個ＮＢＡ賽季開始之後不久，不幸小腿骨折。他在著作《來自內心的鬥志》寫道，腿骨折復發的機率只有百分之十，賽季又只剩下幾場比賽，隊醫團隊允許他出賽。

麥可認為隊醫的判斷就代表他可以復出，打完剩下的幾場比賽。打籃球畢竟是他的工作嘛，是不是？既然已經復原了九成，那**何不**上場？芝加哥公牛隊的管理高層卻不這麼想。他們不希望麥可再受傷，所以建議他剩下的賽季都不要再上場。他們希望麥可完全康復，再展開下一個賽季。

麥可不接受這個建議。

麥可、他的經紀人，還有芝加哥公牛隊的管理高層碰面協商。管理高層認為，就憑百分之十的舊傷復發機率，麥可就應該好好養傷，下個賽季再出發。芝加哥公牛隊不希望他們最有價值的資產、最優秀的球員有任何危險。麥可的心態卻不同。他只想盡快回到球場，助球隊一臂之力。他並不擔心受傷的機率，畢竟邏輯擺在眼前，任何球員在任何時候都有可能受傷。

談了半天始終沒有結果，芝加哥公牛隊總經理傑瑞．克羅斯向麥可打了一個比方。他說，想像一下你頭疼得厲害，有人拿來一罐 Advil，裡面有十顆藥，可是其中一顆裹了一層致命的氰化物。

傑瑞說完這個比方，問麥可願不願意吃一顆瓶子裡的藥，治療偏頭痛。

麥可想了一會，說傑瑞打的這個比方實在有意思，但他的答案是要看頭痛有多嚴重。最後麥可還是上場打完賽季剩餘的比賽，芝加哥公牛隊也打進季後賽。在一場對抗最終冠軍波士頓塞爾提克的季後賽，麥可個人拿下六十三分，寫下NBA的傳奇。

一個NBA正規賽季有八十二場比賽。麥可除了受到傷病困擾的第二個賽季，還有因為跑去打棒球而中斷的一九九四至一九九五年賽季，他跟隨芝加哥公牛隊，一共打了十一個完整的賽季。十一個賽季共有九〇二場比賽，他只有七場沒上場。你覺得麥可．喬丹會不會有挫折疲憊的時候，迫切需要休息一天，暫時遠離單調辛苦的籃球生涯，還有身為超級球星的壓力？我覺得一定會。但是對他來說，最重要的莫過於上場打球，他不會允許任何事情阻礙他上場。

我見過一些沒有方向、無精打采、無趣乏味的人。他們不會急著想實現目標。我也見過像麥可這樣的人，堅持到底卻被人貼上神經病、被洗腦、狂熱、妄想、軍國主義的標籤。我請教你一個問題：你比較信任哪一種人，是有決心，一頭栽進去的狂熱分子，還是消極懶惰、隨波逐流的人？我知道我會比較信任哪一個，我敢說你也一樣。

俗話說得好：「瘋子要冷靜簡單，死屍要奮起困難。」瘋子執著起來會拚上一切。無論你是否理解，至少也應該尊敬這份堅持。你能跟隨不知道自己的立足點、沒有方向，也沒有信仰的人？你能欽佩一個對任何事情都不投入的人？我知道我不能。

魄力、抱負以及決心，會讓你屢屢戰勝不確定的因素。麥可．喬丹要在那個賽季回歸球場的魄力，帶給他一種心理優勢，能壓倒球隊管理階層對於舊傷復發機率百分之十的恐懼。也許你會覺得，這並不代表他百分之百不會受傷，而且你說得對，是因為他的魄力，**失敗的機率才沒有成為上場的阻礙**。任何事情都有可能失敗，如果只是因為害怕失敗就不去嘗試，那什麼事也做不成。

很多人就是對什麼事情都不夠熱情，有百分之十的成功機率，也不願意試試看；有些人就算有百分之九十的成功機率，也還是不願意行動。大多數的人需要百分之百的成功機率，才肯出手。問題是人生沒有十拿九穩的事情，這正是有些人什麼都不做的原因。

不要害怕那百分之十。要相信自己，相信紀律會帶給你成功，那百分之九十的機率，就一定會實現。

第三章
超能的你

你現在學會了紀律，也就是「投入賽局」的第一項原則，我們來看看「投入賽局」的第二項原則：信心。接下來的三章會探討關於信心的幾個重點。這一章的目的是要幫助你相信自己。第四章會幫助你消除對表現的恐懼與自覺意識，第五章則是要教你克服對成功的恐懼。

信心能扭轉局面。在人類所有無形的內部特質當中，自尊對你的行為與成就之間的差異影響最大。

我最喜歡的運動員，是國家美式足球聯盟的足球員迪昂・桑德斯。他曾說過：

你看起來很好，感覺就會很好。
你感覺很好，在球場上的表現就會好。
在球場上表現得好，他們付的薪水就會好。

信心並不是成功的**唯一**條件，但信心會解放你所有的能力。有了信心，你有能力做的事情都能做到。以下是你有了信心之後能做的幾件事：

- 要求加薪，而且還能如願
- 交到新朋友
- 不戰而勝
- 吸引更多你想要的
- 別人願意配合你，跟你合作
- 不必爭取也能得到好處
- 得到身邊的人的尊敬

超過十三年來，我告訴大家的不只是如何建立信心，也包括遇到機會來臨，該如何將信心維持在巔峰，將實力完全展現出來。現在我要告訴你這個訣竅。

提升你的自信能力

我在大學一年級時，有個隊友叫史帝夫。我念的賓夕法尼亞州立大學阿賓頓校區沒有宿舍，我跟史帝夫住得很近，所以常常一起前往球賽，結束後也一起回家。史帝夫比我年長兩歲，有時會給我一些勸告。現在我只記得其中一句。

當時我們結束比賽，在坐車回家的路上，史帝夫對我說，常常跟我起衝突的球隊教練，希望我能成為球隊的「支柱」。但史帝夫也說，我得先完成幾件事，才有可能成為「支柱」。

那個時候的我知道自己球技不錯，可是我很少想到別人。當年十八歲的我只想磨練球技，爭取漂亮的數據，說不定還能表演幾次灌籃給球迷看看，完全沒想過球隊整體的概念。也許你還記得，我在高中三年級，可是足足在板凳上坐了一年，是球隊名單上最沒價值的球員。聽見史帝夫的這番話，我才第一次想到，原來我也可以是球隊最優秀的球員。

所謂自信，就是相信你能做到某件事情。可是如果你從來沒做過這件事情，又怎麼會、為什麼會相信你能做到呢？

增加自信的第一步，是增加你的自信**能力**。先用下列幾個問題分析你的能力。

你能維持自信到什麼地步？

如果你看得見自己的進展，身邊也有支援自己的人際關係，成果又近在眼前，要有自信並不困難。自信能力的真正考驗，是看不見任何成功跡象的時候。在這種時候，你更應該督促自己保持正向思考，堅持最終的目標。

培養這種能力的唯一途徑，是一段奮鬥的過程。我們需要信念，才能在奮鬥的同時保有自信。我喜歡將**應用信念**定義為相信一個願景，同時以具體的行動實踐。

如果除了你自己，沒有人對你有信心，你還能不能保持堅強？你的自信能力愈深愈廣，擁有的潛力就會更多。

你是不是自己的球迷？

小時候，我家附近有個籃球高手名叫菲爾。我十四歲開始在芬雷運動場打籃球，那時候菲爾的球技已經稱霸整個運動場。他是個很厲害的外線射手，我看他身材矮矮壯壯，肩膀寬寬，一臉鬍鬚，還以為他大概十九歲了。原來他跟我一樣，只有十四歲。

我真是不敢相信。跟我同年的人怎麼可能厲害成**這樣**？他雖然跟我同年，但球技完全在另一個等級。

我十六歲那年，菲爾跟我已經認識。當時我的球技已有所進步，但菲爾還是同年齡中最厲害的，而且超越其他人一大截。

某一年夏天，我們閒坐在芬雷球場旁蔭涼的板凳上，聊起未來的籃球生涯。呃，應該說**他**絕對會有籃球生涯，我只能希望會有。那時菲爾問了我一個問題：「卓瑞，你難道不希望擁有像我這樣的球技？難道不希望跟我一樣有名？」

菲爾這樣說並不是跟我鬧著玩，而是真心想聽我的答案。我對他說，我很希望跟他一樣，因為球技而擁有名氣，但我並不想擁有他的能力。

菲爾思考了一下，又追問我：「為什麼？卓瑞，你覺得我的能力有問題嗎？」我回答：「沒有，你的能力沒問題，我只是希望能有**我自己**的能力。」

我不知道菲爾能否了解我這句話的意思。但我很清楚，當年的他跟我一樣十六歲，看事情只會從自己的角度出發。他大概覺得我很蠢，竟然不想跟他一樣，他可是我們這一帶球技最強的人。雖然當時十六歲的我，連在家附近的公園都還沒打出名氣，其他地方就更不用說了，但我知道我必須接受我自己的能力，盡可能擴張我的能力。天底下沒有交換能力這回事，我也不想交換。

後來我漸漸累積一些球迷，但我早就是我自己的球迷，早在我自己或是任何人有合理的理由成為我的球迷之前，我就已經是自己的球迷。**你**必須先對自己有信心，別人才會對你有信心。繼續看下去，我會告訴你怎麼做。

你迷別人是不是超過迷自己？

我常常使用社群媒體，也會瀏覽別人對於職業運動的討論。我一向覺得很有意思，有些人支持（或反對）最喜歡（或最討厭）的運動員或是隊伍，竟然會這麼激動，會對著陌生人喊叫、咒罵、人身攻擊。討論ＮＢＡ的決賽，似乎比看待自己的人生還激動。

很多人迷偶像或最喜歡的運動員，都比迷自己還多。對於支持的隊伍或運動員在場上的輸贏，感覺比**自己**的輸贏還重要許多。

我這話的意思，並不是說當某個運動員的粉絲，或支持某個運動員有什麼不對，可是一旦比賽結束，你就該製造你自己的粉絲，從你自己開始。不要只顧著當粉絲，忘了你也能上場。

別人有的哪些是你沒有的？

我在大學二年級有個隊友名叫安迪。賓夕法尼亞州立大學阿爾圖納校區（我在賓夕法尼亞州立大學阿賓頓校區念完一年級，就接受阿爾圖納校區的邀請轉學）屬於全美大學體育協會第三級男籃錦標賽，四十五分鐘路程之外的賓夕法尼亞州立大學校本部的籃球隊，則是屬於第一級男籃錦標賽。有一次練球的休息時間，大家聊起校本部的第一級球隊。在我們這個第三級球隊，安迪的本事頂多只能算是中等。而他對我說，我一輩子都別想打敗第一級的球員。

安迪當然有權利表達他（錯誤）的意見，但我真的想不通，一個打籃球的人怎麼會這樣想。這種想法跟我對競爭的概念完全背道而馳。因為對方的球隊等級比較「高」，你就覺得絕對打不過人家？恰恰相反，正因為對方來自等級比較高的球隊，我才想迎戰，才想打敗他！

如果你迷別人的程度多於迷自己，那就代表在你眼裡，別人所具備的某些條件是你沒有的。我們應該要看看彼此的差異在哪裡，並想辦法去除。

如果你在別人身上看見你最欣賞的特質，不妨想想別人究竟做了哪些事，或是如何思考，才能擁有這些特質。也可能對方天生就是如此。先問問你自己，**我該怎麼做，才能擁有這些特質？**然後，開始行動。

你對誰期待最多：你自己還是別人？

我看過電視上的籃球賽，有個球員在一場很重要的比賽表現不佳，我看了很生氣。我覺得他可以表現得更好，卻沒有做到。後來我發現，我要求那位球員的標準，也應該拿來要求自己。連我自己都沒有奉行的標準，怎麼能批評別人做不到。

看你的本事

你要求別人的標準，是不是跟要求自己的標準一樣高？

你上一次像為你最喜歡的運動員、音樂家、電影明星辯解那樣，為自己辯解是什麼時候？

我能理解你無法接受崇拜的對象受到不公平的批評，所以想為他辯解。但你也應該問自己，你上一次這樣認真為自己辯解，是什麼時候。如果你對別人的期待，超過對自己的期待，那你永遠無法發揮你的潛力。如果你為別人辯解、為別人激動的程度，都超過為自己辯解、為自己激動的程度，你就很難會有粉絲，就算有也留不住。

你自己都不是你自己的粉絲，就別指望誰會成為你的第一個粉絲。

不能「演」，只能成真

那萬一你還沒**做過**任何能帶給你自信的事情怎麼辦？你該如何開始培養自信？也許你聽過「演久就會成真」（FITYMI）。這句話的前提，是你先假裝，直到真的成為你假裝的身分為止。

「演久就會成真」的概念衍生出許多問題：

- 真的有用嗎？
- 我該怎麼做？
- 長期下來會不會對我有害？
- 為什麼會有人想要演？

在你想到答案之前，先聽我說：「演久就會成真」是個迷思。天底下沒有**「演久就會成真」**這回事。

我告訴你原因：你一旦決定要成為別人，而不是現在的自己，你就再也不是在演，而是百分之百真實。

一位高中籃球校隊教練，有一天在練習時間做了一場實驗。他對校隊說：「今天，你們每一個人都要假裝成你的隊友，把隊友打球的樣子演給他自己看，無論是好的、壞的，還是醜陋的。」

有一位球員，我們就叫他提姆好了，球技在十二人名單當中大概名列第九或第十。提姆抽到的任務，是扮演他的隊友麥克。麥克正好是隊上最厲害的球員，是頭號得分手，將來可望加入第一級的大學球隊。

後來發生什麼事？

提姆那天表現得比以往都好。隊友看了好驚訝，他自己也很意外。訓練結束後，提姆的教練說：「如果你一定要假裝是麥克，才能有剛才的表現，那你就要**每天**假裝是麥克。」人一次只能專注在一件事情上面。如果你完全依照我的說明，運用「演久就會成真」，那你絕對不會只是在演，而是真正的**身體力行**，完全沒有裝假的成分。

這種改變，也就是從原本的你，轉變到你需要、或是想要成為的人，並不是一個循序漸進的過程，而是從你決定改變的那一刻就完成，而且只要你願意，就會一直延續下去。

想**擁有**你所要的一切，是不是應該要付出代價，**做**該做的事？例如：

- 想要有錢，就要工作、銷售、交易等等。

- 想擁有最佳的健康狀況，就要注意飲食，經常運動。
- 想交朋友，就要在人際關係上投資。

每一個人都理解，也認同這種**想擁有什麼**，**就得做什麼**的公式（雖然不見得每個人都會實踐）。隨便找十個人，問他們認不認同，他們大概都會認同。

可是……等一下。

很多人認真努力，完全遵守這個公式，卻**沒有**得到想要的東西。他們還欠缺什麼？是不是少了什麼？知識？策略？他人的幫助？

「是─做─有」

有一種人生成就的原則，叫做「是─做─有」，意思是說你現在**是**誰，會影響你所**做**的一切，最終影響你的**成果**（或者是沒有成果）。

很多善良誠實的人一輩子努力工作。問題是這些人多半是一頭栽進工作（**做**），卻沒有思考自己必須成為怎樣的人（**是**），才能達成目標。既然沒有思考，就永遠不可能**成為**他們必須成為的人。無論他們怎麼**做**，哪怕**做**得都對，也不會**擁有**他們想要的。

再看一次上面這段話，然後問自己幾個問題：

- 這段話像不像在形容你認識的人？

- 你認不認識那些個性善良、認真工作，卻始終無法出人頭地，也無法達成願望的人？
- 你有沒有聽過別人發牢騷，說自己「每一件事情都做對」，卻還是無法達成願望，也想不通為什麼會這樣？你自己是不是這樣的人？

「演久就會成真」不是真的。我們所謂「演久就會成真」的理想結果，是**成為**的原則，不是裝假的原則。這句話是什麼意思？做事情不可能是**假**的。我指著一張椅子，請你坐下，這件事完全沒有**裝假**的成分，你要嘛坐，要嘛不坐。提姆在那個重要的一天，在訓練當中投籃得分，得到的分數也不會是假的，而是真實的。只要正確執行（我會告訴你怎麼做），**成為**會改變你這個人，進而影響你的行為，帶來某種成果

所以天底下沒有「**演**久就會成真」，只有成真而已。

看你的本事

一旦你允許自己擁有某個特質或**成為**某個人，你就做到了，百分之百真實，完全沒有裝假的成分。

為什麼有些人認為「演久就會成真」不管用

我舉個例子，你就會知道有些人將「演久就會成真」的概念斷章取義，錯誤使用，得不到想要的結果，又怪罪這個方法害他們失敗（**「演久就會成真」不管用！**）。

假設你有個朋友，我們叫他馬克好了。馬克想提升自信，採取的是下列步驟：

一、馬克一輩子都在跟自信的問題搏鬥，但他還是希望能更有自信。這次他是認真的。

二、馬克發現了「演久就會成真」，決定付諸實行，接下來的幾天，都要**演出**很有自信的樣子，順利的話要連演幾個禮拜。馬克決定從職場開始實踐「演久就會成真」。他是汽車銷售員。

三、馬克無論是跟上司說話，還是跟同事說話，都裝出一副很有自信的樣子。問題是馬克的同事很了解他這個人，所以一眼就看穿他不甚高明的演技，還取笑他，叫他不要再演了。**馬克，你是怎樣，放假都在看自我成長的書嗎？老兄，你原來的樣子很好啊！何必演成那樣呢。做自己就好了！**

四、馬克不理會同事的酸言酸語，用假裝的自信，跟那些完全沒接觸過他的人打交道，例如走進汽車展售中心的新客戶。問題是馬克現在很猶豫，面對客戶要**假裝**有自信，跟認識的人打交道，又要回歸「正常」（沒有自信）。這樣多工作業實在沒效率（多工作業本來就不會有效率），馬克兩邊都做不好，既不擅長假裝有自信，**也不是**平常沒有自信的樣子。

五、沒有人相信馬克「演久就會成真」的演技。這一套對他的工作沒有幫助。他裝作很有自信，賣出的車子反而比以前**少**。如此慘澹的成績，證明了「演久就會成真」不管用。

六、馬克發誓要戒除「演久就會成真」，又自我催眠（因為你的每一個思想、言語、感覺都是自我催眠）。現在他認為那個正常的、「演久就會成真」之前的馬克，那個他曾經立誓要改善的馬克，已經夠好了，因為他顯然無法改變自己。

七、馬克往後就帶著薄弱的自信，度過平淡無奇的餘生，做任何事情都沒有自信。

八、馬克將他的天賦與潛力，帶進地球上最有價值的不動產：墳墓。

馬克到底做錯了什麼？

馬克「假裝」有自信，「假裝」成功，犯了什麼錯？

馬克犯了幾個錯誤。我接下來會一一說明，還會提出一個正確版的行動計畫，但首先要請你把剛才的故事再看一次，看看你能發現幾個馬克所犯的錯誤。以下是馬克做錯的地方：

錯誤一：馬克將「演久就會成真」的實驗喊停。你在第六章會學到堅強的關鍵詞：**直到**。你**下定決心**要成為某個人，做某件事，或是擁有某個東西，就代表你一心達成目標，而且會堅持下去，**直到**成功為止，不是**試試看會不會**成功，是一定要成功。如果有必要，你也願意調整策略。

要記住：概念、計畫與構想不會自己行動。唯一會行動的是**你**。

錯誤二：馬克決定要採用「演久就會成真」……如果順利的話。馬克沒有**堅持**行動非得成功不可，難怪會失敗。你要是堅持追求一個目標，就會窮盡一切手段，直到達成目標為止。

在追求職業籃球生涯的道路上，我所做的很多決定，都是不合常理，虧損金錢，簡直可以說是魯莽。我把當時僅剩的錢全花在汽車加油、跟別人合住旅館房間，還有選秀營的報名費，就為了參加開啟我的籃球生涯的第一個選秀營。我大可把錢省下來，也許還能搬離我父母的家。我選擇在 Bally 推銷會籍，沒有選擇更穩定，更高薪的工作，因為我知道我需要最大的彈性，遇到籃球相關的機會才能及時把握。我知道我當時做這樣的決定並不明智，但我不在乎，我只在意最終的結果，只在意找到下一個打籃球的機會。

你抱持「試試看」的心態踏入任何事情，就等於給了你自己「退出條款」。這個「退出條款」，正是失敗收場的原因。

反過來看，想想你以前遇到壓力，**非得**成功不可的那些情況。你當然是堅持到底。我不需要知道你遇到的是什麼狀況，也知道你最後一定成功。我是怎麼知道的？一旦堅持到底，就會發揮一種神奇的力量，能排除所有的障礙。馬克就是因為一開始就沒有堅持到底的決心，才會失敗。

錯誤三：馬克只在職場上，沒有在人生的其他領域運用「演久就會成真」。這叫做信心的多工作業，我們都知道是不會成功的。你有沒有聽過一句俗話：「你做一件事的態度，就是你做每一件事的態度」？馬克只在人生的某些領域做他的自信實驗（大概是為了安全起見）。他的狹隘思維（我們每個人都是這樣）搞不清楚究這麼做真正的目的是：**我們到底有沒有自信？**

馬克就像在安排他的自信節食。而所有的節食都有一個先天的問題：會**結束**。一旦結束，就回歸原來的習慣。

錯誤四：馬克的「演久就會成真」計畫，設想的全是有利的條件。馬克沒有預料到，做一個與以往不同的人，或是做一個更好的自己，會受到那麼多負面的嘲笑。馬克沒想過要如何對抗那些冷嘲熱諷。

錯誤五：馬克從未真正相信「演久就會成真」實驗會成功。他還不如一開始什麼也不做，把時間用在別的地方算了。你要是沒有百分之百**相信**你有本事贏，**嘗試**就是浪費時間。

我的第一個籃球教練，在我們球隊第一次集合時說的話很有道理，**沒有試用，只有集訓的第一天**。於是馬克忙了半天，還是回到原點。

錯誤六：馬克放棄了，不肯再試第二次。這表示馬克就是個輸家。馬克的方法爛透了。他應該先看這本書，再開始培養自信。但是他決定不再嘗試，因為他的方法「沒用」，往後也就只能一再失敗，一再被打敗。

成功的意思是追求目標。當沒有目標，沒有東西可以追求，才叫做失敗。馬克想要更有自信，然而他一覺得「演久就會成真」「沒用」，就不再追求自信。想要卻不去追求，是輸家的行徑。

如何真正擁有自信

我們把馬克的「演久就會成真」實驗重做一遍，這一次要做得對。

一、馬克一輩子都在跟自信的問題搏鬥，他下定決心，要澈底解決這個問題。

二、馬克看了我在這一章的說明，了解到他想追求的目標，他該怎麼追求目標，以及他應該成為怎樣的人，才能做這些事。馬克一再問自己，**我需要成為怎樣的人？**找到答案之後，才會知道該怎麼做，才能得到想要的結果。

三、馬克寫下「**我需要成為怎樣的人？**」的答案，每天對著自己大聲唸。這樣反覆唸誦，養成了一套新的生活習慣，在不知不覺中改變了馬克整個人。他身邊的人都發現，他有一些細微的變化，很難具體形容，但他們確實感覺到他的能量與以往不同。

四、全新的馬克跟不認識的人接觸，也更有自信。這些新認識的人，完全不知道他以前有自信心低落的問題，只知道馬克現在呈現在他們面前的樣子：泰然自若又有自信。愈來愈多人這樣看待馬克，馬克也就愈來愈有自信。

五、認識馬克許多年的人，紛紛說起馬克現在更有自信的狀態。馬克（將自己訓練成現在的新狀態）也樂於承認，他整個人已經脫胎換骨。馬克現在的樣子並不是裝出來的，所以別人注意到，也談論他的轉變，會讓他更有勇氣繼續嘗試，把這個實驗擴展到人生的其他領域。

六、馬克將「演久就會成真」原則運用在他的飲食習慣、人際關係、理財，以及工作上。

七、馬克成為他想成為的人。寫下備忘錄，以後拿到諾貝爾的「卓越獎」，要記得感謝卓瑞。

你作為一個人，表現出來的狀態是無法假裝的。就好比多工作業需要注意力在短時間內爆發，你**現在的狀態**就代表你**這個人**，至少當下是如此。這就代表你可以隨時改變你的狀態，也可以藉由適當訓練，永遠保留你想要的狀態。

現在你明白該怎麼運用「演久就會成真」，那該如何以最快的速度，把信心提升到最高點呢？

將信心提升到最高點

如果你的自信是現在的二十五倍，你的行為會有哪些變化？看看下面的問題，把答案寫在空格裡。

- 我會跟誰說話？

- 我會承擔哪些風險？

- 我會負哪些責任？
- 我再也不會做什麼？
- 我會結束哪些關係？
- 我再也不會忍受哪些事？

- 我會排除哪些麻煩？

- 我再也不會拖延哪些事情？

這個世界充滿了才華洋溢的高手，可是你一輩子都不會聽見其中大多數人的名字，因為他們缺乏自信，沒有將才華完全展現在世人面前。我們來看看在哪些情況，絕對要有自信：

- 要離開一段你很習慣、卻不愉快的長期關係，你必須要有自信，相信你能自立自強，能把自己照顧得很周到，也能在別處找到愛。
- 要離開一樣你長期從事的運動，也需要足夠的自信，才能承受那些自以為為你著想的人的意見，也才能接受你自己的判斷，知道你放棄一個你覺得不適合自己的運動，並沒有錯。

- 如果你非常不喜歡你的工作，眼下又沒有別的選擇，那你需要勇氣，才能明知沒有退路，也堅持辭職（並不是每個人都適合選擇這條路）。

你看見有些人**明知道**自己在做的這件事對自己有害，卻又不肯放棄，那是因為他們擔心其他的選項也不符合他們的期待。

寫你的劇本

在你最有自信的時刻，問自己下列的問題：

- 我看起來怎麼樣？
- 我住在哪裡？
- 我的朋友是誰？
- 別人如何評價我？
- 我每天都在做什麼？
- 我擁有的是怎樣的家庭？
- 我擁有怎樣的房子和車子？

依據這些問題，寫下你最巔峰的狀態：

你寫的內容大概都很正面，更棒的是這些都是你能**控制**的。所以提升自信是很容易的（也就是**可行**的意思）。現在就開始做你所形容的這個人，而且要一路保持下去。

得獎的演員為了謀生而飾演別人，也賺進大把鈔票。你閱讀這一節，等於走進拍攝現場。電影公司已經預付片酬給你。你要是沒把角色演好，片酬就會被收回，所以馬上開始幹活！

演員並不是孤軍奮戰，還會有其他演員擔任配角。也會有專門搭設的場景。說不定為了拍攝，還要封鎖城市裡的幾條街道，或是暫時封閉某個公園。就算沒有人跟你演對手戲，你也要搭建場景。

寫下你最大的成就，你人生最得意的片段：

再寫下每一個你**理當**提升自信的理由：

把代表你人生最自豪時刻的那些照片、獎座、獎狀全都拿出來，經常看看，才不會忘記你自己有多麼了不起。

如果你的人生將會成為一部鉅片，一部能激勵別人追求更大成就的電影，一部在你過世許久之後，還不斷有人觀賞的電影，那你身為主角，必須拿出最好的表現。你所塑造的場景，無論是你自己，還是別人，看了都應該覺得非常真實可信。

你按照這些步驟，從來不曉得你是誰的那些人，會飛奔到戲院，看看大家瘋的是什麼。

萬一你**覺得**自信滿滿，結果燈光亮起，而你卻怯場怎麼辦？萬一你被上場前的恐慌與表演焦慮擊垮，在最重要的時刻無法發揮怎麼辦？

我們有辦法解決，我在下一章會介紹。

第四章
永遠要澈底消滅自覺意識與表演焦慮

想提升信心，除了相信自己之外，也要擺脫自覺意識與焦慮。我知道，說的比做的容易。

了解你的大腦如何運作：意識、潛意識與自覺意識

想了解**自覺意識**，我們先看看意識與潛意識的不同功能。我研究這個主題（還有整體的神經科學），發現我們大腦活動的百分之九十五，例如呼吸、消化、眨眼等等，全都是潛意識的活動*。因此我們人類生存所需的活動，主要是依靠潛意識的大腦與身體運作。說真的，如果我們可以選擇以意識、或是潛意識控制人體最重要的運作，那最好還是維持現狀，也就是潛意識控制比較明智，最主要的原因就是不要增加大腦的負擔。

* Marc Van Rymenant, "95% of Brain Activity Is Beyond Our Conscious Awareness," simplifyinginterfaces.com, August 1, 2008, http://www.simlifyinginterfaces.com/2008/08/01/95-percent-of-brain-activity-is-beyond-our-conscious-awareness/.

人類的大腦以及有意識的思想非常發達，與動物、植物相比具有優勢。印製這本書所用的紙張，或是這本書內容數位化後放置的載具，以及你所使用的車輛，穿在身上的衣服，都是有意識的思考產物。我們的有意識思考雖然具有創意，也有遠見，卻也是搞砸每一次的罪魁禍首，**每一次都是**。

相較之下，你可曾忘記要呼吸？

你可曾故意干擾你的心跳？

你可曾拖延過消化食物的過程？

創造人類的那個人或是那一股力量顯然很明智，沒有讓我們的意識控制那些能影響我們生存的重要功能。

說到這裡就要提起自覺意識，也就是**太有意識**，意思是說想太多了。意識要是自願接手從來沒做過的工作，就等於潛意識無法再做最擅長的工作。

我跟很多很有天分的籃球員一起打球。他們當中有一些（雖然有天分，應該說因為有天分），在球場上很難相處。其中一個叫做葛斯。

我每次看見葛斯打球，他都是場上最有天分的球員，問題是他打籃球的樣子，好像全隊只有他一個人。他只在意自己出鋒頭，要到萬不得已才會傳球。跟他打籃球很痛苦，因為別人都只是他個人秀的擺設。有時候，尤其是在團體運動，個人必須放下自己的企圖心，以團隊的成功為優先。可是葛斯要是沒有成為場上的焦點，就算球隊贏了，他也不會開心。我看他這個人寧願來一場盛大的個人秀，球隊輸掉，也不要自己表現平平，球隊贏球。他的球技超強，但他只在乎自己。

在人生當中，葛斯代表意識，他的四位隊友代表潛意識。所謂**自覺意識**，就是葛斯這個「有意識」的球員什麼都想自己做，所以他避開隊友，從來不傳球；他的四位隊友是潛意識，只能呆站著看球，在比賽中完全起不了作用。霸占著球不放的意識，把所有的事情都攬在手上，弄得自己負擔太重，害球隊輸掉比賽。

看你的本事

讓你的**潛意識**做最擅長的事情，就能消滅**自覺意識**。

對抗表演焦慮

所謂自覺意識，就是明明有四個無人防守的隊友，卻偏偏要一個人突破五個防守球員，想辦法得分。你在比賽、演講、約會，或是銷售簡報的開始前和進行期間，身處於知道有人在看著你、評判你的環境，所具有的**自覺意識**，有一個比較普遍的名稱：**表演焦慮**。

我十七歲的時候，在休閒聯賽打球。我們這一隊一路打到冠軍戰。我當時的球技是十七年來的巔峰。西蒙格拉茨高中有個很有名的教練，叫做比爾．艾勒比，準決賽時坐在我們板凳旁的球場界線上觀戰。

他在比賽結束後對我說：「你有幾球投得不錯。」我向他道謝。我的一個隊友告訴我，艾勒比教練這次是來當球探的。我在準決賽的不俗表現，吸引了他的目光。我本來還選不上喬治華盛頓卡佛工程與科學高中的籃球校隊，西蒙格拉茨高中在當時可是費城公共聯賽的第一把交椅，要是真的向我招手，那就太勵志了。也許我跟美夢成真的距離，只有一場比賽。

我們在冠軍戰的對手是雀瑞雪運動場隊，彼此在正規賽季並沒有對戰的經驗。他們看了我們在準決賽的表現，知道該怎麼做：不要讓我有投三分球的機會，還要封鎖另一位最佳射手，他也是艾勒比教練重點考察的對象。

冠軍戰的第一次進攻，我在底角拿到球。雀瑞雪的防守球員朝著我衝過來，力道大到我不得不兩次沿著基線，右側運球（我在那個賽季很少這樣做），再以一個三米高的跳投開啟比賽。我一整年都沒這樣做過。我一開場就跳投得分，體育館的每個人都看呆了，我自己也很意外。

可惜我的得分就到此為止。

整場比賽我以區區兩分作收。我們球隊整個賽季唯一的一場敗仗，就是這場冠軍賽。我把我一整年的投籃招數全都使出來，偏偏就是不進球。每次投不中，我就更逼迫自己下次一定要投中。我感覺得到大家都在看我，想必也在納悶問題到底出在哪裡。

我不能呼吸了。

我在比賽開始前一點都不緊張。應該說不但不緊張，還很興奮。我知道我會是很多人矚目的焦點，也覺得我會在眾人面前稱霸全場。賽季從開始到現在，我每一次都對球隊有貢獻，可是唯一的重點是最後的結果，我沒有幫助球隊拿下冠軍。

我並不**覺得**焦慮，但也許我確實很焦慮。也許我知道這一戰關係重大，所以給自己太大的壓力。也許我對於打這場比賽會得到什麼，還有我想證明什麼想得太多，搞得自己很焦慮。

你遇過這種情形：你為了這一刻不斷練習、用功、準備。你知道自己該拿出怎樣的表現。到了比賽正式開始的時刻，你卻驚慌失措，手心冒汗，緊張得一塌糊塗，對於自己的每一句話、每個動作超級敏感。你覺得每個人都在看你，批評你，瞧不起你。這些思緒也反映在你的表現上。

你實在不明白，練習了這麼久，練就一身的球技，怎麼會一上場就變得什麼也不會？

這種情況有沒有解藥？

把你的本事跟技能想像成一個工具箱。我們每個人生來就有一個空空的工具箱，所以必須不斷練習、訓練、學習，投資自己，盡量將工具箱裝滿工具，才能**「投入賽局」**。你練習愈多，擁有的工具就愈多。

可惜的是，很多人的發展也就到此為止。這些人又覺得很奇怪，怎麼會在最需要展現實力的時候，偏偏發揮不了。

這種情況會發生，有兩個原因。

原因一：光是擁有「投入賽局」的工具是不夠的，還要使用才行！

你所累積的工具，跟你過往的回憶，或者是你從書本、從學校學到的資訊沒有兩樣。你的大腦的儲存容量沒有上限，可以無限儲存資訊與記憶。但這並不代表你會一直**思考**你所知道的一切，或是你所看過的一切。

想一想，五年前的這個月，你在做什麼？在哪個地方？跟什麼人在一起？花最多時間做的是什麼事？

現在再回想你的前一份工作的第一個禮拜，或是你在最後一個學校所交到的第一個朋友。你會發現，也許你很久沒有想起這些，但一旦用心想，馬上就會想起來。你也會發現，要不是我提起，你今天可能也不會想起。

換句話說，你擁有可以動用的能力，但是**一定要動用才行**。你練習一項技能，並不代表這個技能會在你需要的時候自動出現。

我上傳到 YouTube 的籃球訓練影片當中，有一個六十秒的影片叫做「每日簡單運球訓練」，是一系列的運球練習，球員只要每天做，長期下來就能穩穩運球。我在這簡短影片的結尾，留給觀眾一小段話：「每天這樣練習，五年下來就會練出一個把手。」（「把手」的意思是運球能力很穩。）

這個影片的第一個回應永遠都是：

卓瑞，有沒有搞錯，**五年**？？？**真的**需要練那麼久才能練成喔？

有些球員沒看過這個影片，就直接問我：「你練了多久才有把手？」

我把我跟他們說的話再對你說一遍：

你希望能擁有這個本事多久，就要持續練習多久。

原因二：知道如何以正確的方式、在正確的時間使用你的工具

「投入賽局」是成功的必備條件，但你也要知道該怎麼**運用**你的實力才行。擁有很多技能，並不是努力的結束，而是努力的開始。

再次想像那個工具箱。假設你去家得寶連鎖店找家飾品及建材，花了大錢把想像得到的工具全都買回來，家裡的東西壞了，你就能自行修理，不需要別人幫忙。家裡需要的工具，全在你的工具箱裡。

所以是不是任何東西壞了，你都能修好？

天哪，當然不是！

僅僅是**累積**技能，並不代表就能拿出最好的表現。還要知道**如何**使用，**何時**使用，在**何地**使用你所累積的技能，以及何時**不該**使用。

這些都需要靠潛意識控制，你的意識要保持安全距離。朝這個方向努力，就能徹底告別表演焦慮與自覺意識。

要做到這一點，必須依據以下的原則，訓練你的潛意識。

要勇敢！自覺意識是內在導向，勇敢是外在導向

你受到自覺意識影響，會不斷意識到你自己的行為，也會思考你如何從事這些行為，還會擔心別人怎麼想、怎麼說（別人往往什麼也不會想、不會說，因為根本沒注意到你）。自覺意識會把別人以及好運全都趕走，因為你把所有的精神、所有的注意力全用在你自己身上。這是內在導向，只有你接收得到。

我們大多數的機能，例如走路、騎單車、坐、站，甚至是閒聊，最好是由潛意識完成，所以自覺意識會讓我們做的每一件小事情，感覺無比尷尬。你一定在別人身上看過這種狀況。自覺意識是一種會自我應驗的心態：一個人愈覺得別人在注意自己，就愈覺得自己被評判。因此他們的自覺意識愈嚴重，行為就愈顯尷尬，以致真的就會有更多人注意、察覺到他們的尷尬。

自覺意識是一種自私的能量：我們能想到的就只有自己。我們陷在自覺意識當中，就無法吸引正向的能量，因為我們把所有的資源貯藏給自己用。

反過來說，勇敢是一種自信的能量，能創造大量的內在信心，你有足夠的信心可以向外關注，而不是只關注你自己。勇敢的你會散發出別人感受得到的能量。你散發這麼多能量，也會接收到別人以及環境散發的能量。這就叫做因果法則。

我有一次在邁阿密欣賞 Jay-Z 的表演。他唱完開場曲，對觀眾說話。他一開頭就說：「我今天晚上想跟大家分享一些東西。」接下來他在兩個小時的賣座歌曲集錦當中，不時穿插幾句勵志的話語。那天晚上的他並不擔心別人怎麼看待他的衣著，也不擔心會有人不喜歡他的表演曲目。他表演的心態並不是「**希望他們會喜歡**」，而是一種付出的精神，付出他的精力、音樂、風采，以及對觀眾的感謝。他並不是一心只想著別人怎麼看待他，並不是要**拿取**。我觀察那些觀眾整場的表現，看見他們跟隨著 Jay-Z 的音樂又唱又跳，活力十足。觀眾回饋得更多，因為 Jay-Z 不吝將自己給予出去。

同樣的道理，流行樂巨星碧昂絲在現場表演之前，都會轉變成她的第二自我，也就是狂野莎夏。「我變成莎夏。我要是在臺下遇到她，應該不會喜歡她。她太好鬥，太強勢，太放肆，太性感了！現實生活的我一點都不像她。我不像她那麼愛調情，超級有自信，天不怕地不怕。我在臺上的感覺，是在其他地方都不會有的感覺。那是一種靈魂出竅的經驗。我創造了臺上的身分……所以回到家以後，我不需要再去想我做的事情。莎夏不是我。我身邊的人都知道我真正的個性。」*

我發表公開演說，並不會刻意去想工具箱。我很熟悉我的材料，包括我要說的故事、大綱跟重點。我甚至預先想到聽眾什麼時候會笑（只是不見得猜中）。到了臺上，我知道很多人看著我。我知道我有本事，也知道我的本事的價值，所以眾人的關注並不會讓我產生自覺意識，反而會讓我很興奮！Jay-Z 說得對，我與聽眾**分享**我所擁有的，也得到他們回饋的能量。

做生意的道理也一樣。一個真正了不起的銷售人員，只會在乎他能給予什麼，而不是他能得到什麼。

想想你自己的人生經歷：

- 你在很勇敢、散發精力的時候，是不是表現得最好？
- 你穩穩散發精力，到了渾然忘我的境界，是不是會擁有最好的表現？
- 回想一下，你做哪些事情無論是看起來，還是感覺上，都好像完全不費力？

你是否曾經刻意去思考平常不需思考就能做的事情，結果做這件事情的樣子變得有點笨拙？也許是綁鞋帶、寫名字這些平常的小事。會有這種情況，是因為我們（相對來說）比較遲

* Jody Thompson, "Beyoncé Explains Her Alter-Ego Sasha Fierce...," The Mirror online, November 27, 2008, https://www.mirror.co.uk/3am/celebrity-news/beyonce-explains-her-alter-ego-sasha-fierce-362578.

鈍的有意識的思考太專注在自己身上，打亂了潛意識迅速又平穩的運作。

看你的本事

興奮與自覺意識是完全相同的能量，但有一個小小的差異。興奮是**外在導向**，自覺意識是**內在導向**。如果你把能量儲存起來，只往內發揮，這個能量會因缺乏流動而腐壞。還不如將能量往外發揮，可以得到外界回饋的能量。

享受關注：別人會關注你，談論你，評斷你，都是有原因的！

大多數的人都很乏味。這些人做著無聊的事情，從事無聊的工作（應該說他們把工作**變得**無聊），想的都是無聊的念頭，過的日子平淡無奇。這種人對任何事情都提不起勁，也做不出任何讓人覺得有意思、值得關注的事情。我希望這種人能看看這本書，改正自己的毛病。

有人關注你，就代表你是主角。

我們人類需要刺激，即使乏味的人也需要。你在觀眾眼裡，代表的是能量、刺激，值得關注的焦點（關注不見得是正面的）。乏味的人對你一定會有所關注、談論、欣賞、厭惡，或是其他的評價。

這很正常。

你是一個勇敢的人，你所散發的能量會立刻改變你所踏入的地方。你僅僅是出現，就足以吸引關注。你要感謝那些乏味的人，有他們當觀眾，你才有舞臺。對於那些觀眾來說，你所發揮的功能非常重要。所以你要高興，要感謝他們才對。他們自己完全乏善可陳，所以需要一個可以關注、議論的對象。要感謝他們，遷就他們。

你得到這麼多關注，絕對會因為某個無厘頭的原因惹毛別人。你得到的關注愈多，有人不喜歡你的機率就愈大。所以一定要知道下一個原則。

不要再尋求別人的認同

我們以為想要成功，達成目標，必須得到很多人認同。其實真正需要的認同，比我們以為的少很多。有些人太努力尋求別人的認同，問題是即使得到認同，終究無法長久。別人家的認同，來自你現在的卑躬屈膝，可是一直卑躬屈膝，身體恐怕也受不了；哪天你站直了，做自己，那些你原先極力討好的人恐怕就離開了。

一下子講了一大堆需要消化的內容。你登上舞臺、球場或是董事會之前，要怎麼記住這麼多？

你不用記住。

到了該表現的時刻，沒有「思考」這個選項

你已經準備好了。

你贏得你現在的位置。

你會出現在這裡是有原因的。

大家本來就應該看著你，你投入賽局就是為了這一刻。

到了該表現的時刻，專心面對你的觀眾，全心全意把最好的你奉獻給他們，他們也會以同樣方式回應。你完全不肯付出，就不會得到半點回饋。

以下是你在表現之前的檢查清單：

記住你是如何才能有今天。你能登上大舞臺，並不是出於偶然。你已經一再證明自己的能力，現在又是需要你展現實力的時刻。先前你所經歷過的種種，即使是你不想要的，也是準備工作的一部分。你會出現在這裡，並不是出於偶然。你要清楚，你是努力贏得今天的位置，沒有人比你更適合坐在這個位置上。做好準備，拿出本就屬於你的這個位置的架勢，好好表現。

找到你的心理地帶：前往這個地帶，從此不要離開。心理地帶是一種心理狀態，你會覺得身旁的一切都放慢速度，做事情並不費力。人生就像電玩，全在你的掌握之中。

- 演講者或簡報員的心理地帶，是在最恰當的時機，將言語傳達給你。
- 運動員的心理地帶，是每一個動作、每一次投籃都自然發生，絕對不會不中。
- 藝人的心理地帶，是每一個構想都為表演內容增添人氣，不需要很刻意、很辛苦表現。
- 職場專業人士的心理地帶，是工作不會沒完沒了拖下去，傍晚不會精神不濟，上班日天天順利。

我們每個人都有獨特的心理地帶啟動裝置，也就是一些構想、念頭、人、聲音、圖像，或是其他的刺激，引導我們走向做什麼事都很容易的流暢狀態。回想一下你置身心理地帶的經驗，再回答以下的問題：

- 你為何會進入這個心理地帶？
- 你如何能在腦中重現當時的情形？
- 你要怎樣練習進入心理地帶，才能隨時進入？

一邊深呼吸十次，一邊想像你的成功表現。深呼吸可降低壓力與焦慮，撫平情緒，還會提升血液循環與專注力。深呼吸會進入你的腹部，擴張你的腹部，而不是胸部。讓吸入的氧氣擴張你的胃。吸氣八秒，憋氣四秒，再吐氣八秒。

是不是感覺到身體漸漸放鬆？在上場之前，用同樣的方式深呼吸十次，就會感受到沉穩、專注的能量。

走出去，展現你的本事。把你練就的本事發揮出來。這樣就行了。

「我來搞定」：你的自信如何影響他人

眼前有一個重大的狀況，你感覺到壓力愈來愈大，氣氛愈來愈緊張。大家都在想，誰會挺身而出，領導眾人。

這個人就是你，你出面主持大局，分派任務給大家，大家也樂於跟隨你。其中的一個原因是你很篤定，另一個原因是別人都不想扛這份壓力。

「我來搞定。」

我會告訴你如何運用這種心態，幫助你的團隊還有你自己鎮定情緒，做好準備。

你要知道，一個人必須百分之百確定自己在做什麼，要如何做，想達成什麼目標，才能運用這種心態。

第一步是要相信自己。建立這種心態的第一步，不是你如何看待眼前的情況，而是你如何看待自己。

- 你是不是一個很強大的人？
- 你是不是能搞定任何事情，解決任何情況，在最黑暗的時刻也能找出光明？
- 有什麼事情能打倒你，讓你放棄？
- 你是否願意，是否有能力比身邊的人堅持得更久、更強大？

你說出「我來搞定」，接下來就會……

你解除了所有人的壓力

團隊遇到棘手的狀況，大多數人最不想要承擔的，是找出解決方案，執行解決方案的壓力。你站出來承擔責任，是不會有人跟你爭搶的。大家巴不得躲在你身後，由你帶路。反正萬一搞砸，責任也是你扛。

你想要領導者的地位，就在最艱難的時刻出面領導。

其他人都可以專心做最擅長的事

你承擔責任，得到領導地位，其他人不但不用承擔領導的壓力，還可以專心做最擅長的事，不必分心做其他事。要求別人做超出他們能力範圍的事情，是一種不精確的科學。有些人或許會克服難關，但有些人會失敗，還有一些人會覺得已經盡了全力，卻被逼迫得太厲害、太急促。你的責任是要告訴團隊成員，只要繼續做平常做的工作就好，你會負責其他的事情，也會隨時支援。

這就是領導的本質：你承擔本分以外的責任，以身作則，其他人也會感染到你的衝勁，效法你的精神。團隊有你在，其他人都可以專心做自己的工作，不會被迫做超出能力極限的事情。他們只要完成分內的工作就好，其他的事情你會處理。

團隊的領袖都竭盡全力了，誰還敢打混摸魚？

你號召自己採取行動，找出解決方案，予以執行

你出面領導，所有問題就會自動解決？不會。你還是得做事。你說你來搞定，現在你就得「搞定」。你進入「我來搞定」的心態，等於號召自己採取行動，找出解決方案，予以執行。

等一下，這樣豈不是很危險？都還不知道該怎麼進行，卻已經說出「我來搞定」？

呃，沒錯，所以領袖才這麼稀有。

看你的本事

要聽你自己的聲音，不要聽那些噪音。

穿過骨頭

我們每個人都喜歡唱歌，我是說在家裡唱歌，或者是在淋浴間，在車子裡，反正是在附近沒人的時候唱。有人說在攝影機拍攝的畫面上，任何人都會變胖十五磅。你要是聽過你自己聲音的錄音或錄影版本，也許會注意到那十五磅的聲音。生物工程學家托比亞斯．雷興巴赫博士曾說，我們的聲音從嘴巴穿過**骨頭**到大腦，聽起來跟穿過耳機或喇叭，或是穿過**空氣**完全不一樣*。

我們從外面（意思是說透過裝置或是其他人）聽到的聲音會穿過空氣。我們說話，聽見自己說話，**這個**聲音會穿過骨頭。你要知道這兩者的不同，才能克服表演焦慮，建立自信。

我十幾歲的時候，能影響我的人包括我的父母、老師、少數幾位親戚，也許還有一些很有

* Colin Smith, "Scientists Explain in More Detail How We Hear via Bones in the Skull," imperial.ac.uk, July 9, 2014, https://www.imperial.ac.uk/news/153374/scientists-explain-more-detail-hear-bones.

名望和影響力的鄰居。現在的你也許也受到這些人的影響，也可能還有來自很多方面的影響。空氣中瀰漫著這麼多內容、這麼多意見，光是要過濾這些，決定要嘗試哪一個，關注哪一個，更不用說聽從哪一個，就已經很費力。大家分享意見的空間愈來愈深、愈來愈廣。

所以從現在開始，更重要的是明天、後天，你一定要知道如何聽、何時聽穿過骨頭的聲音，以及穿過空氣的聲音。

空氣中充滿了別人發出的聲音，包括意見、舉例、建議。這些聲音有任何價值嗎？希望會有，因為這本書的內容，就是穿過空氣傳達給你。如果你夠明智，知道該聽取空氣傳來的哪些消息，就可以學到很多，節省你的時間與力氣。

但是「空氣」也帶有汙染。那些阻礙你前進的因素，例如恐懼、壞習慣，以及魯蛇的壞榜樣，都會經由空氣傳達給你。你並不是生來就猶豫不決，也不是天生就有自覺意識，這些都是後天學來的。

你的骨頭則會對你說實話。你的本能，你未來的命運，還有那些你揮之不去的「直覺」，全都會「穿過骨頭」。很多人的毛病，是吸收太多「空氣傳播」的東西，嚴重汙染「骨頭傳播」的東西。想想以下的問題：

- 你可曾動過除了你自己，沒有人相信的瘋狂念頭？
- 你可曾有過你無法向別人說清楚，因此沒有人認同的念頭？

- 你可曾有過一個念頭是天底下只有你自己認同，也極力實行，別人卻因為顧慮你的安全而勸阻？

如果你完全理性，也講道理，別人卻不理會、不了解你的想法，那你要記住：你的話語會穿過**空氣**傳達給他們。你藉由**骨頭**聽到的話語，只適用在你自己身上。你應該傾聽最重要的聲音，也就是穿過你骨頭的聲音。

我們來看看你面臨的「聲音」是什麼。

意見

意見似乎是唯一一個誰都覺得自己有資格給予的東西。每一個人都有資格擁有自信，提升自我，設定目標，感到快樂，以及擴張舒適圈，但只有發表意見這件事，是所有人都樂此不疲的。為什麼會這樣？因為提升自我較困難，而發表意見較容易，也不太需要力氣，不必承擔責任。意見隨處可得，到處都有。正因如此，意見反而是空氣中最沒有價值的資源。你在接受之前，應該審慎再審慎。

「應該」

這些就是別人說你「**應該**」做的事情，有義務、責任，也有正確的事。「應該」向來是藉由空氣傳播，絕對不會藉由骨頭傳播。即使是那些我們以為自己設定的「應該」，其實也是來自其他人為我們設定的目標（**你都幾歲了還不結婚？你什麼時候才會生小孩？你那麼高竟然不會灌籃？**），或是來自我們將自己的成績與他人比較（**我應該像那個誰一樣做某事**），抑或是追逐我們根本不想要、卻覺得能贏得他人的尊重與認同的目標。「應該」會讓你過著你無法主宰的人生。

你所採納的每一個「**應該**」，都是致命毒藥。你是拿自己跟一個想像版的你比較。這個想像版的你即使是你的構想，也不是你創造出來的。要時時提醒自己，不要按照別人的「應該」行事。

恐懼

恐懼之所以存在，基本的功能是保護我們避開危險。這裡指的是真正的危險，例如身體受傷、死亡等等。其他比較不嚴重的危險，則是經由空氣接觸到我們。恐懼是人類的原始本能，深藏在人類的演化路線，在人體運行的速度，比其他的感覺更快。最高點的恐懼，也是所有感覺當中最強烈的一種。

對於生命危險或是身體受傷的危險感到恐懼，是正常現象。其他的恐懼，例如對於負面意見、失敗、成功、不足，以及其他人怎麼想、怎麼說的恐懼，則是一種習得的行為，是來自過去對於類似狀況的負面回應。等你看完這本書，你就會戒除先前習得的恐懼。

「他們」怎麼說

所謂「他們」，意思是一般人對於任何事的態度的假定共識。「他們」是各種意見、「應該」，以及恐懼的源頭。

本能

你天生就有本能。任何不需要思考即可完成的事情，就叫做本能。本能也可以透過訓練培養。一旦形成了本能，思考只會阻礙你做這件事情。本能傳達的速度，比有意識的思想快多了。

職業運動員在競爭最激烈的時刻，也是憑藉本能隨機應變，瞬間做出決策。羅伯特・格林在他的著作《戰爭的三十三條策略》，把一位將軍憑藉豐富的經驗，知道在戰場上該採取什麼行動的本能，稱做「指尖的感覺」。

專業人士憑藉本能工作，瞬間了解情勢，做出決策，完成行動；業餘人士則是要先了解，再思考，最後才決策，等到做好決定，機會早已飛走了。在職業運動界，勝負往往在剎那間決定。二〇一六年奧運的男子一百公尺短跑決賽，第一名（金牌得主）與第十名的差距只有〇・二五秒。這麼短的時間，怎麼來得及觀察、思考、決策、行動。

本能的聲量只有耳語的大小。相較之下，藉由空氣傳播的內容則是大聲又討人厭。如果你太久沒運用本能，你的本能可能會覺得跟你說話是浪費力氣。如果藉由空氣傳播的強勢思想，與本能發生衝突，那麼本能不只是在聲量方面落敗，還會變得遲鈍，失去信心。這個時候你就要負責幫助本能重建自信。

只要不必承擔採納意見的後果，誰都對自己的意見很有把握。反過來說，幾乎每一個人都對自己的本能沒把握，因為這些本能被壓制，被排擠太久，我們都已經不記得它們的聲音。

你腦海中的微小聲音絕對不會出錯，也絕對不會誤導你。要跟這個聲音接觸，要傾聽，也要依從。

命運

你出生在這個世界上的目的是什麼？你今生的使命是什麼？也許現在的你並不知道。但就算不知道，也可以用刪去法，知道哪些事情**並非**你的使命。

你的命運正是你存在的原因，命運來自你的靈魂深處。想接觸靈魂深處的東西，就必須消滅藉由空氣傳播的訊息。

「你」怎麼說

別人總會有話要說，哪怕不是直接對你說（例如 YouTube 的影片或是推特就是給想看的人看的）。原因很簡單：你只有一個人，而「別人」不只一個（應該說有幾十億個）。所以你要懂得選擇，**你**怎麼說比「他們」怎麼說重要多了。

他們的話說完了，發表了意見，也告訴你該怎麼做。那麼**你**怎麼說呢？

有時候你的想法除了你自己，沒有人認同。如果你還沒遇到這種情況，那總有一天也會遇到。別人看不見你能看見的未來。他們沒有你的遠見。這些人覺得給你建議是幫了你大忙，會勸你要聽廣播，要辭職，要縮小你的抱負，不要對自己要求太多，要放輕鬆，不要太辛苦工作。

在人生的某些時刻，你應該傾聽那個與眾不同的聲音，那個你聽了覺得認同、別人卻都聽不見的聲音，也就是穿過骨頭傳達給你的聲音，經由**你的**骨頭。

第五章

你害怕什麼？

想建立自信，不僅要相信自己，我在第三章討論過這一點，也要擺脫自覺意識與表演焦慮，這些在第四章介紹過。除此之外還要克服對成功的恐懼，也就是我在這一章要討論的主題。

怎麼會有人害怕成功？（以及該如何克服這種恐懼）

我們害怕在竭盡全力之後仍然失敗，所以裹足不前，潛意識就會退縮，因為擔心把全副本事使出來，也還是不夠。我們害怕失敗，到頭來反而因為害怕而失敗。也許你沒有這個問題，但你還是無法發揮所有的本事。難道你是潛意識害怕你自己真的會**成功**？

這話是什麼意思？成功是你**要**的。怎麼會有人**害怕**成功？

很多人怕的不是成功這件事，而是成功的後遺症。

害怕輿論

你要是夠成功，就會遇到一個新的問題：別人對你的關注。連你根本不認識的人，都會開始批評你這個人，還有你做的事情。你的成功只要夠重大、夠長久，別人就會注意到你。觀察成功的人如何成功，已經變成一種產業。市面上有整本雜誌，裡面全是什麼都不做的名人照片。有些人的潛意識害怕這種成功的副作用，為了逃避別人的關注，刻意不去成功。

可是為什麼會有負面的關注？因為合理化的關係。

你的表現遠遠超越其他人（至少其他人是這麼想的），別人就會尋找或是製造一些理由，要證明你並沒有看起來那麼了不起。他們這樣做，比較能接受自己以及自己的處境。是，有些人其實應該提升自己的本事，會比較有成就感，問題是這需要時間，還需要努力。相較之下，挑剔**你的**毛病容易多了，也省時多了。

人類擁有大師等級的合理化能力。仰望一個超越我們的人，感覺並不舒服，仰望久了脖子會痛，就好像看電影坐得離螢幕太近。結果就是有人會覺得應該把你拉低，到他們眼睛的高度比較好。他們看著你，看著你人生的精采片段，自己卻一天二十四小時過著幕後人生，所以他們要想辦法證明，你並沒有這麼完美。所以他們要挑你的毛病，挑不出來也要捏造出來，才能減輕自己的不安全感。

那些你不認識，或是從來沒見過的人批評你，其實不是針對你這個人（雖然看起來就是），只是犯了人類都有的毛病。有些人一定要把偉大的人打成沒那麼偉大，不然晚上就睡不著覺。

你能怎麼辦？

接受別人的批評，當成必經之路。你站上舞臺，別人就會關注。你的觀眾夠多，就會有人批評你本身，或是你做的事，或是兩者都批評。你選擇了這條路，就要付出代價。

樂於接受別人的不同意見。只要你的行為並不犯法，也不會傷害到別人，那麼別人對你有不同的意見其實是好事，表示你代表了某種意義。我們都希望能覺得自己是某團體中的一分子，而且這個團體不是每個人都能加入，甚至不是每個人都想加入。多一個人跟你唱反調，就表示你至少可能多一個忠實粉絲。

不願意複製成功的經驗

伴隨著成功而來的，是對再次成功的期待。如果你曾經費盡心力，締造了不起的成就，也許你會覺得成功比你原先想像的困難多了。有些人一旦成功，也了解成功的代價後，會覺得下一次不要再這樣逼迫自己。這當然不是因為他們沒有能力，而是因為他們不想再把意志發揮到極限。

舉個例子，我備戰二〇一七年的邁阿密馬拉松，在某一天早晨心理進入了真正的狀態。這一天我跑了十英里，到了後半的路程，我的速度是先前從未在長跑展現過的速度。在最後的二十五分鐘，我整個人完全由大腦控制，身體一點感覺也沒有。

我跑完全程，被自己的成績嚇了一跳，無論是總時間，還是每英里的速度都很驚人。我的第一個念頭是，**原來我這麼厲害**；第二個念頭是，**我願不願意再逼迫自己挑戰這個極限？**

注意我說的是**願不願意**，而不是**能不能**逼迫自己。我剛才已經證明我有能力。一件事情我們只要完成一次，就知道自己有能力完成。但是**意志**，也就是願意達到那樣的成績，可就不一樣了。我再強調一次，我能有破紀錄的成績，不是因為身體感覺很好，而是因為當時的心理狀態。只要使用正確的工具，任何人都能隨時進入這種心理狀態。

你最珍貴的成功經驗，是付出了超乎你預期的時間與努力才得來。第二次跟第一次不同，你已經明白成功所需付出的代價。很多人不願意下決心再經歷一次。在你達到更高等級的成就之後，技能會變得比較**不重要**。

每成功一次，要維持或是重複成功就會變得困難多了。有些人知道這個道理，所以決定退出。

你如果也有「再成功一次」的期待，可以這樣做：

好的表現是正常，不是例外。專業與業餘的差別，往往不是技能上有很大差異，而是對於自己的期待有所不同。你付出非凡的努力，創下偉大的成績，不要認為是反常。這個成績就是你往後對自己的期待，因為你方才證明了你做得到。

接受心理挑戰。這並不容易，而且本來也就不容易。俗話說得好，要是那麼容易，誰都會做。要知道你可能必須給自己前所未有的心理壓力，才能維持你先前展現過的水準。

什麼是「對成功的恐懼」

無論是哪一種成功，都會製造期待，哪怕你的成功只是展現出未來能表現更好的潛力。即使這個期待不是你自己設定的，但你要是沒成功，還是會讓很多人失望。

我的大學一年級是在賓夕法尼亞州立大學阿賓頓校區念的，校園就在費城的外緣。那年夏天我常常去學校的體育館，使用只有我在用的籃球場與重量訓練室，鍛鍊我的本事。那年夏天我明明沒有上暑期班，卻每天都在學校。

有一天早上，我還沒吃早餐，就開車去阿賓頓校區。我走到校區另一頭的自助餐廳，一位我從來沒見過的先生走上前來，跟我說起籃球，還問起我打哪個位置等等。原來這位先生是賓夕法尼亞州立大學阿爾圖納校區的籃球校隊總教練，當時的阿爾圖納，隸屬比阿賓頓高一級的籃球聯賽。我跟他還沒聊完，就已經知道我想轉學到阿爾圖納，想接觸更高層級的籃球。不到兩個星期，我就轉入阿爾圖納的籃球校隊。

我在二〇〇一年轉入阿爾圖納，當時還沒有做好爭取上場時間的準備，每逢比賽只能坐板凳。那些比我差的球員，反而擁有應該屬於我的上場時間，球隊的表現也被拖累。我們整個賽季的成績慘不忍睹，當初招募我的教練也被撤換。我沒有做好準備，無法滿足球隊的需求，也是他被撤換的原因之一。

別人一旦見識過你所有的本事，接下來你的隊友、老闆、同事與家人就會指望你一直都這麼厲害，哪怕你從來沒**要求**他們幫你設下標準。誰多給（或者是誰展現得多），就向誰多取。

現在你知道有些人為什麼害怕成功，接下來要介紹害怕成功的幾種外在表現。要對自己坦白，看看你是否符合。

你刻意貶低自己的成就，壓低別人對你的期待。有這個毛病的人會有個壞習慣，面對任何讚賞、好消息，或是勝利的結果，都會不由自主貶低自己的功勞與成就。這種人馬上會用自貶的話語，批評自己的成就，好像很怕自己沖昏頭，也很怕別人對他們的期待會更高。

你說什麼？**喔，他們只是謙虛**是嗎？

誰要是跟你說這種謙虛、不張揚的鬼話，就代表這個人超級害怕伴隨成功而來的關注。很多人鼓吹的謙虛，其實是**恐懼**。你所謂的謙虛，其實是你的自我防衛機制，不希望你太出鋒頭，表現太好，免得別人期待你一直都保持在最佳狀態。

這種人多半很擅長假裝謙虛，尤其是處在表現突出會引來議論的文化中。收斂你的光芒，會降低你對自己的期待，也會降低別人對你的期待。謙虛能避開關注。

要對抗這種心態，就要運用你在前一節所學到的，把你的成就視為正常表現，不是意外或例外。外界的關注是你的本事與好表現的副作用，也是你提升自我、締造成績之後的必然現象。你要了解，也要接受這一點。

你給自己設定輕易就能達成的低難度目標。這種人自己不肯參加球隊選拔，也不肯參加求職面試，卻取笑你沒選上球隊，沒拿到聘書。這種人認為什麼都不做，「避免」失敗（至少他們是這麼想的）是一種成就。

害怕成功的人其實**會**設定目標，這一點跟很多人想的不一樣。但他們的目標難度實在太低，即使達到了，對他們的人生也幾乎是毫無影響。要是有人批評他們喜歡設定簡單的目標，他們的內建防衛機制就會說，他們**確實設定了**目標，**而且**也「成功」達成。誰能反駁呢？

你的長期目標一旦達成，應該會名符其實「改變你的人生」。達成這些目標，你的人生應該會有重大改變。光是要認真追求目標，你就已經需要大幅改變。長期目標若是不能澈底改變你、改變你的人生，就缺乏追求的意義。

你設定偉大的目標，結果一遇到挫折就放棄。這是害怕成功的人的另一個典型毛病：設定偉大的超高目標（讓人很欽佩），稍微努力一下，發覺「沒有用」就突然放棄。這種人想減重，也減了……下個月又胖回來；或是立志要打進國家美式足球聯盟，結果高中一年級那年沒能入選校隊，就從此放棄足球。

偉大的目標本來就不容易達成，對某些人來說，可能也不容易理解。追求偉大的目標，需要耗費大量的時間與精力，也需要一些時間才能看見成果。

想要更輕鬆設定偉大的目標，可以這樣做：

坦白說出你想成為怎樣的人。你想成為怎樣的人？如果你知道說出來不會被批評，被嘲笑，被否定，那你的答案會是什麼？你真正的抱負是什麼？

要知道，想澈底有所改變，必須做沒人做過的事。你的目標不僅要改變你自己，也應該要改變你所處的環境，以及相關人士的人生。如果你最大的目標，是要做一件已經有人做過的事，那就算你成功了，又怎麼會有人記得？

要知道，即使你花費許多時間，可能也還沒達成目標。這也沒關係！你想做從未有人做過的事，總得經過嘗試錯誤的階段，也會經歷失敗。也許你會把一切推倒重來。無論如何，你在開始之前就要做好心理準備，不要偏離你寫給自己的劇本。

看你的本事

你要是從來沒失敗過，那你就很失敗。問你自己：我的目標有多麼重要？如果我今天全都達成了，我的人生會不會有顯著的不同？

太超過

你了解這些道理，開始運用之後，也許會想知道該如何控制你的自信。**卓瑞，我要怎麼控制這麼多的自信？有自信是好事，可是我總不希望太超過嘛，是不是？**

不是，你**確實希望**你的自信會太超過，到了會讓別人不舒服的地步。等到別人開始給你貼標籤，例如**自負**、**傲慢**、**臭屁**，你就知道你的自信讓人受不了。這些人會勸你要謙虛，告訴你收斂光芒的必要。

如果你確實按照我在這一章的每個建議去做，那些人遲早會現身。接下來我要送給你對抗這些魯蛇的疫苗。

永遠相信＝成功

籃球大師賴瑞．柏德曾經戲稱，他加入NBA，是希望能賺到一百萬美元。他還說，他的朋友魔術強森的目標是一億美元。他開玩笑說，最後他們都達成心願，結局很美好。

那年十六歲的我還沒選上高中籃球校隊，就在我所居住的艾利山附近的芬雷運動場，加入本地的十六歲以下青少年的休閒球隊。那個賽季的頭兩場比賽，我的發揮很穩定，但不算出色。後來芬雷運動場又舉行我們這個年齡層的聖誕節比賽。

我們沒能守住主場，在決賽前遭到淘汰。比賽結束後，我離開更衣室，跟一位隊友開玩笑，說我們之所以輸，唯一的原因是**我**拿球的時間不夠多。

更衣室就在教練辦公室旁邊，一位教練聽見我剛才說的話。另一個球隊的一位教練問我：「卓瑞，你說什麼？」

我又說了一次，我說：「我說，我們會輸，是因為他們不傳球給我。」

我知道那位教練要我再說一次，是想看看我有多堅持立場。我沒有退縮，又說了一次。他聽了也沒說話，只是看著我。我也沒說話，直接轉身走回家。

教練之間是會交流的。

大約一個星期之後，我們青少年球隊再次集合，要為賽季剩下來的比賽訓練。在訓練開始之前，我的教練把我拉到一邊。

「卓瑞，你老是說你很行，我今天就給你證明的機會。我們會一直餵球給你，看你有多大的能耐。」

這一次的對話，還有我在那個賽季跟著球隊打完的那幾場比賽，對我來說是籃球生涯的重大突破。

球隊專門設計出讓我投籃的戰術，我也真的**投進了**！敵隊一直想封鎖**我**。我的球隊靠我得分，我也大多能達成使命。

我在接下來的秋季入選高中籃球校隊，儘管在那個賽季表現不多，但我在場上缺乏表現其實沒有關係，因為我在青少年球隊的表現已經告訴我，我的實力足以應付大學籃球，而且我的本事可不是我自己吹牛。

俗話說得好，**只要想像得到，也相信能做到，就一定做得到**。雖然想像得到，也相信能做到，並不代表就一定會成功，但也算是設下了標準。你相信的程度，就是你的成就最扎實的上限。

你愈相信自己，會嘗試的事情就愈多；嘗試得愈多，成功的機率就愈高。所謂**相信**，意思是說認為是真實且可能的。你接不接受你自己？你認不認為你能做到你所設定的目標？如果你不這麼想，那就想想你今生最重視的成就。我敢說當初絕對不是每個人都認為你做得到。說不定還有人直接對你這麼說，並勸你放棄。如果唯獨你一人有信心，你就會挖掘出你真正的力量，把事情做成。這就證明了事情的確可行。這就是最有力的證明，你的自信並沒有超出你的能力。

謙卑的努力，實力就能撐起你的自信

就算你不常關注拳擊，應該也聽過小佛洛伊德．梅偉瑟。他很愛吹噓自己的本事，也靠他的本事賺進大把鈔票，因為他在拳擊生涯創下不敗戰績。

那些批評他的人（他的戰績如此輝煌，卻還是有不少人批評他）說他自大又傲慢。我是他的粉絲，希望他能贏，但在這一點上，我倒是認同那些人：小佛洛伊德**真的是**自大又傲慢。

不過憑良心講，他很努力，才有本錢自大。他厲害的地方不是只有拳擊的戰績而已。對他來說，贏得一場拳擊賽，不過是錦上添花。如果你看過HBO還有Showtime製作的紀錄片，看過他在賽前的生活，你會發現他雖然自吹自擂、又愛炫富，卻總能安排大把時間到健身房訓練，還常常一天去好幾次。

看你的本事

想要自信滿滿，滿到有些人嫌你太「跩」，要付出的代價就是以謙卑的精神持續努力，以實力支撐你的自信。

提防那些勸你不要太有企圖心的平凡人

我在大學四年級根本沒跟籃球校隊沾上邊。新任教練沒有向我招手，而是把我打發走。我對未來的籃球生涯還是充滿理想，但當時的情況並不樂觀。

我記得我跟在體育大樓常常見到的幾位教職人員聊天。他們知道我前一年還是籃球校隊的一員，也問我現在快畢業了，以後有什麼打算。我也記得，他們聽見我說要打職業籃球，臉上是什麼表情。

我這個大學四年級生，連屬於第三級聯賽的大學籃球校隊都不要我，還說要當職業籃球員。我歷來的表現，也看不出有實現職業籃球夢的跡象。以當時的情況，要打職業籃球，根本是痴心妄想。他們沒有勸我打消這個念頭，也沒有否定我的夢想，但我看得出來，他們不相信我做得到。我覺得阿爾圖納校區大多數認識我的教職人員，都希望我走上跟同學一樣的道路：到一家公司上班，做一份跟學位相關的安穩工作，從此過著幸福快樂的日子。

可是我的夢想不只如此。

所謂**傲慢**，意思是太高估自己的重要性，而且將這種態度展現出來。但「高估」是一種相對的**概念**。我覺得正合適的程度，對你來說可能太超過，所以**驕傲**、**傲慢**這些形容詞才會存在。只有那些**自認為**永遠不會像你那麼有自信的人，才會這樣形容你。他們看你的自信高漲到他們永遠比不上的地步，就認定**你這個人**一定有問題。你的自信要是沒超過他們所能做到的限度，那就不叫「驕傲」。

這些人格局很小，認為你應該謙虛，但是他們的「謙虛」，跟我前面說過的小佛洛伊德的謙虛不一樣。這些人不去累積實力提升自信，反而一輩子戰戰兢兢，唯恐鬧出太大的動靜，只求能一路平安、低調到死。

這種人會告訴你，無論你有多厲害，都不要自鳴得意，也不要自我感覺太良好。有些人會說，**你要是能保持冷靜，始終謙卑，想做什麼都能成功**。意思是說你不要太張揚，不要太高傲，不要讓別人覺得你認為自己比他們強（這根本也不是你能掌控的）。只要依照他們的建議，就能擁有一切。

成功、勝利與成就並不是經過訓練、不會在家大小便的博美狗。它們不會主動走向你，是你要強迫它們走過來。你必須先了解，你的自信會反映在你的表現上，才能召喚它們。

那些勸你要謙卑的人，多半都是些不重要的人。他們不是要傷害你，也不是想拖慢你的腳步，至少不是存心要這樣。他們只是把對自己說的話，再對你說一次：**不要認為你自己，或是你的成就很重要**。為什麼？因為一旦重要了，就會引來關注、期待與責任這些嚇人的東西。

不要怕別人看見你的本事

把你做過的事情，正在做的事情，以及即將要做的事情告訴全世界，並不是傲慢的行為。你只是在參與一種價值十億美元的產業，叫做新聞。

舉個例子，我在二〇〇五年創立自己的品牌，從此就不斷積極宣傳我自己，還有我的價值。我主動寄電子郵件給播客、廣播節目、部落格，還有會議，說我可以加入談話陣容，給閱聽大眾一些建議。我從來不會怕別人知道我的能耐，我還覺得應該要讓更多人認識我！

很多人太害羞，太膽小，不敢自吹自擂，但你如果細想就會發現，把自己的現況告訴大家，本身就是一種產業。最擅長此道的人，後來都成為名流，或是有影響力的人。

在美國，每天仍然有五千六百萬份報紙印刷發行，更何況還有四億四千萬個部落格存在（根據一份報告的估算）*。為什麼呢？因為要告訴我們別人做了什麼，正在做什麼，以後會做什麼（至少是他們宣稱以後會做的事）。每天都有人更新自己的履歷，修飾裡面的內容，希望帶給別人更好的印象，找到好工作。社群媒體之所以存在，是因為大家願意與全世界分享新聞，至少是我們眼中的新聞。有人拿全職的薪水，負責挖掘人生的種種，何人、何事、何時、何地、為何，以及如何，再一一報導出來。

你練就一種本事，就有義務讓全世界知道。你的實力夠強，維持得夠久，新聞產業不會徵求你的同意，就會把你的事蹟廣為宣傳。你要知道，人生的方方面面都是生意。我對生意的定義很簡單，就是人與人之間交換資源。交換的媒介通常是金錢。食物不是免費的，你的衣服、你的家，還有你的交通工具也不是。你的電燈需要用的電，還有你睡覺的床，全都要用錢去買。

*"How Many Blogs Are There in the World?" http://mediakix.com/2017/09/how-many-blogs-are-there-in-the-world/#gs.PY_b4og.

但你在賺到錢之前，必須先得到別人的關注、時間、聚焦與精力。只要你能提供別人需要的資訊，他們就會樂意把這些交給你。從這一步開始，倘若一切順利，你**就會**賺到錢。這就是銷售，你把你的本事告訴大家，就是要讓他們相信你值得關注。你每天銷售自己，讓人喜歡你，信任你，傾聽你，認同你，跟隨你。

看你的本事
把你的本事展露出來並不是在自誇，是做生意。人生的方方面面都是生意，所以分享你的新聞並不只是工作的一部分，而是人生。

不要忘了成功的最大關鍵：努力

絕對不要忘記，你能擁有今天的地位，靠的是什麼：努力與紀律。你拋開這些，就失去了自負的本錢。你沒有付出努力建立自信，又怎能奢望有自信？如果你**下定決心**每天努力，誰敢說你沒有資格擁有自信？

你所能想到的最傲慢的人，長久以來都是這樣（至少從你的觀點來看）。要保持這種狀態，讓別人繼續關注你的唯一辦法，就是要做出成績。一個人自以為是個咖，結果卻做不出成績，大家就不會再關注。

我們在這一章，還有前面兩章發現，信心是讓你勇敢踏出去的關鍵。但即使信心爆棚，我們也並不完美，因為事情不見得會按照我們的規畫發展。

你一直遵守紀律，相信自己，做的都是正確的事情，卻始終看不到成效，那該怎麼辦？就要擁有堅強的心理。

這就是我的「投入賽局」的第三項原則，我在下一章會詳細介紹。

第六章 心理堅強

你的目標愈偉大，達成目標的道路就會愈坎坷。所謂心理堅強，簡單說來就是當你遇到困難時，能展現或是保持多少信心與紀律。所謂心理堅強，就是即使你預計的成功還沒到來，甚至沒有打電話告訴你會遲到，你還是繼續努力，展現自己。「投入賽局」的第三項原則，是培養堅強的心理。這一章就要告訴你如何培養堅強的心理。

人生難免會遇到事態不如預期的狀況，說不定你覺得十拿九穩的事情，偏偏就出了狀況。有一天，我在賓夕法尼亞州立大學阿爾圖納校區跟隊友一起練球。我剛搶到防守籃板球，開始運球展開反擊。我作為籃球員，最擅長這種攻守轉換，因為我的運球能力，還有體能都很出色。我是全隊體能最好的球員，所以我知道我一定能輕易得分。然而，教練的哨聲打斷了我的個人快攻。阿曼·吉利安教練在NBA的資歷長達十三年，後來成為大學籃球教練。大家都轉身看他有什麼意見。

「卓瑞，你要把球傳給後衛！我已經跟你講過了！難怪全隊就是你失誤最多！」

一片死寂。

「就是這樣我們才會輸球。我們在打團體戰，**卓瑞**偏要走**自己**的路。」

他這一次是針對我責罵，但其實這是他身為教練的大絕招：逮到球員犯錯，就把他打成球隊戰績不佳的罪魁禍首。我的臉皮夠厚，承受得住他的攻勢，但確實曾經有幾個球員被他罵哭，或是就此離開球隊。

隊上所有的球員，都看過同樣的戲碼好幾次。只是今天輪到我當主角。我想一笑置之，繼續打球，就說：「好了，好了。打球，打球。」

「不行！不行！大家集合。」

我們圍在吉利安教練身旁，等著他揮刀斬斷我的大學籃球生涯。

「放假的那一陣子，我常跟巴比．奈特見面……」

巴比．奈特是印第安納大學赫赫有名的前任籃球校隊教練。他最知名的特色，是教育班長式的獨裁風格，不僅對待球員像個暴君，連球賽的官員也領教過他的脾氣。他有個綽號叫「將軍」。在很多大學籃球校隊教練的心目中，他是光輝燦爛的偶像，是運用恐懼、恫嚇，「誰敢質疑我」的態度管理球隊的典範。我在阿爾圖納的前一個教練是肯尼．麥克林（吉利安取代了他），還把他跟奈特的合照掛在辦公室。

吉利安接著說：「巴比．奈特的辦公室掛著一塊招牌，上面寫『這裡不是漢堡王，不是你想怎樣就怎樣』。卓瑞，你不能想怎樣就怎樣。謝謝你今天過來。」他說完這話，就指著體育館出口的一扇棕色門。

我在震驚之中，走出阿德勒體育館。吉利安這個賽季一直在砲轟球員，可是他從來沒有把練球的球員趕出去，最多也就是吼罵而已。也許是那個該死的巴比·奈特，給了他該怎麼對付我的靈感。我開車回到我在校外住的公寓，心中想著，目前看來大概是回不去校隊了，那我的大學生涯要怎麼辦？我的資歷不夠漂亮，很難轉到別間學校的校隊。我看得出來，新教練打的算盤，就是要汰舊（像我這樣的球員）換新（他自己挑的球員）。

在二〇〇三年一月的那一天到來之前，我的目標始終是打進職業籃球。我握有的資源不多，沒有人脈，沒有比賽影片（證明我的球技），這個夢想絲毫沒有成真的可能。我沒有實際的計畫，沒有一個榜樣能證明有人能從第三級球隊，或是阿爾圖納，一路挺進職業籃球。我也沒有任何支援。

眼看著籃球校隊打了下一場比賽，而我不在陣中，我終於體認到我的籃球生涯的真相：現在的我沒有人要，沒有球隊。接下來的兩年半，我只能努力重建我的籃球生涯。

我在大學不能跟球隊一起練習，也沒有教練、訓練師指導。我不得不設計一個訓練計畫，能兼顧我的課表，還有校隊訓練的時間，才能在大學四年級那年，趁校隊不在的時候，自己到體育館訓練，繼續提升自己的實力（當時學校只有一座體育館）。

我大學畢業之後，上課改成了上班，附近沒有體育館，不像以前學生時代那麼方便。我只好去從小到大經常前往的戶外球場練習，後來天氣太冷，我就加入了附近的洛杉磯健身中心。

那個時候，我跟那些在芬雷運動場從小跟我一起打球、比我年長的那群人，表面上看起來沒有什麼兩樣。我已經離開學校，有空就去打籃球當消遣。我發覺我現在過的，正是我不想過的生活。在外人眼裡，我就只是一個大學籃球校隊的前任球員，如今沒有球隊收留，僅此而已。我當時已經二十出頭歲，不算年輕了，而職業籃球生涯完全沒有起飛的跡象。我的目標一天比一天更不可能實現。

但我沒有因為這些原因就不去嘗試。我繼續提升自己的實力，也持續留意能展現實力、開啟職業籃球生涯的機會。

歷經了兩年多沒有參與正規球隊的日子，畢業後整整一年沒有幾個值得把握的機會，到了二〇〇五年的秋季，我的職業籃球生涯終於起飛。我所面臨的現實，完全不具備美夢會成真的跡象，但我還是繼續努力，相信一個還沒有實現的成果。除了持續努力之外，那年有個沒什麼名氣的影音網站問世，我在這個網站上首度亮相，吸引了一群人欣賞我的球技，也從我的故事，看見自己人生的不少片段。

你要成為一個故事，還是一個統計數字？

幾年前，全美大學體育協會發布了一隻後來很長壽的廣告，是一群學生運動員在教室運動，做他們擅長的運動項目。影片的最後，他們身穿職場正裝，在（未來的）工作崗位上努力。影片的旁白說，全美大學體育協會共有成千上萬名學生運動員，其中大多數日後會從事與運動**無關**的行業。

這支廣告說得對。我在大學校隊的大多數隊友不需要看廣告，也知道他們將來不會成為職業運動員。而且不同於足球、籃球之類的「超好賺的運動」，大部分的大學運動項目即使到了職業層級，也缺乏有組織的聯賽，職業運動員的收入比「尋常」的工作好不了多少。

說到設定目標與自我提升，你會聽見像我這樣的人再三強調，一定要先釐清結果：

- 你想要的結果是什麼？
- 如果你說不出你想要什麼，那就把問題倒過來：你**不想要**什麼？
- 最壞的結果會是什麼？（如果你不太清楚自己的目標，所謂的「反目標」能幫你縮小範圍。反目標的相反，就是你想追求的目標。）

以我自己的例子，我知道我不想走進全美大學體育協會那支廣告裡，那些虛構的公司的玻璃門。更重要的是，我向來不喜歡別人把我跟其他人歸為一類，不喜歡別人把我當成「大多數」全美大學體育協會的學生運動員。我看了這支廣告，不想成為統計數據的一分子。

我覺得那支廣告鎖定的對象，應該是邊緣職業運動員，也就是那些實力不差，但**稱不上職**

業等級的運動員。這種運動員距離成功很近，幾乎能嘗到成功的滋味，也因為距離實在太近，就誤以為總有一天會成功，因此一試再試。這種運動員最需要被別人打醒，最需要那支廣告傳達的訊息。我曾經是一位全美大學體育協會第三級聯賽的籃球員，還被校隊掃地出門。我的身價比那支廣告的預算還低。不過幸好我在籃球的事情上，想法總是有點天真。我在高中三年級坐冷板凳，大學又被踢出校隊，怎麼看日後都不可能成為職業球員。想在區區一年之後打進職業籃球，根本是痴心妄想。一個在大學生涯最後一年半，連第三級的大學籃球校隊都打不上的人，竟然妄想染指職業籃球，就算是電影劇本，也不會荒謬到這種地步。

如果你曾經設定很宏大的目標，跟你當時的處境差距很大，那也許有人告訴過你相關的統計數據，例如：

- 每一百萬名籃球員當中，只有一名會成為職業籃球員。
- 每三百個向電視臺投稿的節目企畫，只有一個會通過。
- 市面上大多數的書籍，永遠都無法賺回出版成本。

有些人告訴你這些數據，是想勸你打退堂鼓。有些人則是想讓你知道，你的成功機率有多低、多罕見，藉此幫助你，激勵你。追求遠大目標的人，有些成了統計數據的一分子，跟無數其他人一樣夢想過，嘗試過，思考過，規畫過，最後卻沒有達成目標。這些人叫做統計數據人。

剩下的極少數人則是故事人。

故事人並不特別，至少在表面上並不特別。他們跟統計數據人的經歷一模一樣，沒能選上球隊，錯過重要升遷，缺乏家庭支持，面對公然的否定與勸阻。整體而言運氣不好。

兩者的差別在於，故事人儘管遇到挑戰、挫折、厄運，仍然勇往直前，堅持克服路上的每一道難關；統計數據人則是被打倒。故事人身為贏家，是歷史故事的作者，會將他們的心路歷程與世人分享；統計數據人則沒有什麼說話的機會，畢竟沒有人會花費金錢與精神，聽魯蛇說話。

要知道，你的榮譽事蹟要是從來沒遭遇過危機，那就沒有故事可言。如果你沒經歷過生死存亡的關頭，那你的成就無論是對你，還是對其他人而言，都不會有價值。你怎麼能指點下一個面對挑戰的人？

我要知道那個在臺上演講，或是寫一本書的人，曾經走過我現在走的路。這樣我才能知道，他們是在對我說話。

看你的本事

堅持會讓你的故事值得一聽。

放棄只會讓你成為另一個認輸的統計數據人。

如果你有一個目標，那無論最終是否達成，你在追逐目標的過程中，都要遭逢艱難的關卡。無論你決定放棄，還是堅持下去，都得捱過那個過程。既然如此，不如在這段過程中創造一段故事。

你一定會覺得我說得容易，對不對？置身煉獄之前，一切都好說。但萬一你遭受天大的打擊，幾乎一蹶不振，那該怎麼辦？要怎樣才會知道，挫折其實只是重振旗鼓的契機？

是逗點，不是句點：你如何面對困難，決定了你能走多遠

你在任何情況能走多遠，並不是取決於你**是否**面對挫折，也不是取決於你**是否**被打倒，而是你把多少潛在的**句點**變成**逗點**。

在寫作，句點代表一個思緒的結束；逗點則是代表思緒的暫停，緊接著還有後續。逗點代

表思緒還沒結束。我覺得應該有很多人想把句點變成逗點，只是不知道該怎麼做。

在人生中幾乎每一件事情，你都可以選擇逗點或是句點。放棄就是劃下句點；什麼都不做也是劃下句點；你沒有決心要克服困難，達成目標，也等於是劃下句點。

現在的你也許心想，每個情況都不一樣。有些情況確實很難停在逗點，這我也同意。這本書完全沒有提到「容易」的事情。在困境之後打下逗點，只需要做到一件事：將每個不愉快的結果，當成你整篇人生故事的一個註腳，要做一件事，只專心做一件事。

看你的本事

要在乎。

選擇一個你夠在乎、不畏艱難也要追求的目標。

下列五個步驟，能幫助你在成功的道路上，把每一個潛在的句點變成逗點。

步驟一：問自己，我能從這個學到什麼？

我們贏了就慶祝，輸了就反省。

每件事都有一個教訓。遇到不好的事情，在震驚難過之後，不妨問自己：

- 我能從這裡學到什麼？
- 哪些事情是我以前不知道，現在知道的？
- 我得到哪些在未來能派上用場的新知識？

這些問題寫下來容易，一旦陷入絕望的深淵，就很難想起。所以你要訓練你的大腦，不必刻意思考，就能想起這些問題，如同我在第一章所談到的心理訓練。

步驟二：問你自己，我因為這件事情，有了怎樣的提升？

我們失敗的時候，會想到狀況有多慘，我們有多生氣，如果沒失敗會是怎樣。挑戰在於你要趕快問自己：

- 這個經驗有哪些地方會讓我成為更好的人？
- 我學到了哪些本事，能運用在人生的下一個挑戰？
- 比起以前，現在的我有哪些方面更好？

步驟三：問你自己，誰曾經遭遇過這種情況，我從這個人的經驗能學到什麼？

世界上有這麼多人，這麼多分享人生經驗的方法，一大好處就是你一旦遇到困難，應該會有前人的經驗可以參考。只要你夠仔細尋找，就一定會找到有相同經驗，也樂於指點你的人。

步驟四：問你自己，我接下來該怎麼做，才能從眼前的情況得益？

我們都知道，先前的事情是一團糟，但已經過去了。無論你參不參與，生命都還要繼續下去。問問你自己：

- 我接下來要怎麼做？
- 我所處的環境有哪些機會？
- 如果我必須找機會，那我要找怎樣的機會？
- 我現在的處境最大的優勢是什麼？
- 如果我對這個優勢非常滿意，原因是什麼？

步驟五：問你自己，為什麼還不該放棄？

這是一個價值連城，能製造逗點的問題，能幫你找到一個繼續走下去的理由。如果始終沒有回答，問號就會慢慢變質成句點，所以要問自己下列的問題：

- 哪些事情是我應該做，卻還沒做的？
- 我該如何證明給自己看？
- 我有哪些潛力還沒有發揮？

無法控制的事情難免會發生。你能控制的，是你要在原地停留多久，才要繼續完成你接下來的人生。一直坐著不動，你就成了句點，成了結尾。

那要怎麼知道付出的努力已經足夠？要如何判斷何時應該放棄，何時又應該再試一次？

「直到」是堅持的精髓

直到是心理堅強字典的關鍵字。**直到**是你全心全意追求目標的信念。**直到**是一個人堅信一個目標，不惜燃燒自己、成就目標的心態。「直到」的心態，就是即使昨天慘兮兮，今天還是要起床再試一次。大家都把事實甩在你面前，叫你放棄，**直到**就是你獨排眾議的口號。

你再打一通募捐電話，知道這次會有人接聽，這時你心中的念頭就叫做**直到**。你又一次被拒絕，被忽視，就要對自己說**直到**。我發出七百多封電子郵件給職業籃球隊，想重新啟動我的職業生涯，這時候的我認識了**直到**的概念，而且真的成功了！

直到代表一個人將成功視為唯一的可能性，沒有「如果」或者「以後」的心態。擁有那種心態的人會說這些話：

- **如果**有效，我就會繼續這樣做。
- 我確定有效**以後**，我就會全心投入。
- 我開始有收入**以後**，我就會投資自己。
- 我知道我需要幫手，**如果**不會太昂貴，我就會聘請幫手。
- 這個構想不錯……**如果**能奏效的話。
- 我回歸正軌**以後**，就會負起責任。

有些人因為環境的關係，自然就會衍生出**直到**心態。父母就是一個很好的例子。父母照顧孩子，**直到**孩子能照顧自己為止；募款人員四處募集捐款，直到達成募款目標。諸如甘地、馬丁路德金恩、麥爾坎．X、德蕾莎修女這幾位領袖，並不是**如果**有人聽或**等到**時機恰當，才宣揚他們的理念。而是持續努力，散播理念，**直到**無法繼續為止。他們啟發了數百萬人，甚至在逝世之後，影響力仍在持續。

直到是一種心態，你**直到**下一次需要，才會完全理解這種心態。但你只要回顧過去，應該就能體會這種感覺。

看你的本事

想想你曾經陷入絕境的時候。你必須採取行動，而且要快。你做了什麼？

急迫感衝向你的感官，猛然湧現的精力推升了專注力，打開創造力的大門。哪怕你才剛覺得無力持續下去，也能隨即展開行動。行動要是無效，你就立刻轉換策略，不浪費時間埋怨、考慮。你的電話沒有響，你就撥電話給別人，敲別人的門。你下定決心採取行動，**直到**達成目標，也奇蹟似地如願。

看你的本事

要知道天底下沒有神奇的方程式。你上一次全力投入一件事情，是什麼時候？你為什麼想要全力投入？你的答案反映出你內心的動力，也是你再度奮起的關鍵。

檢查你有沒有口臭：找一個願意說實話的人評估你的現況

有一則故事是一位高階的外交官，被一位對手陣營的部長告知他有口臭。那天晚上外交官回到家，質問他的妻子，為何從未提醒他有口臭。妻子回答說，她以為全天下男人的口氣都是這個味道，所以不覺得有異。

這位外交官身邊沒有一個人跟他說實話。很多人的問題是，儘管很需要聽到實話，也**不想**聽實話。那種一被別人說「有口臭」就生氣的運動員，會被貼上「不受教」的標籤。不受教的運動員無論聽見什麼意見，只會想到「你的意見，或是你表達意見的態度，給我怎樣的感覺」，而不會想到「你的意見能不能幫助我提升自己」。

前NBA教練菲爾．傑克森曾經分享過在小飛俠柯比．布萊恩球技進步、變得有點「不受教」之後，自己如何與他相處。柯比想進一步探索自己的潛力，卻往往違背球隊的目標。柯比覺得傑克森對他的要求太低，害他無法盡情發揮一身的本事。他很不滿傑克森存心要「困住」他。

每一個職業運動員，難免會遇到難搞的教練或是訓練師。教練對你吼叫的次數，是對其他人吼叫次數總和的兩倍。訓練師對你的表現總是不滿意。教練看了你的數據，覺得你輕輕鬆鬆就能有這種成績，想必還有進步的空間。

舉個例子，我在大學一年級那年，我的教練在賽季開始前找我談話。他說，我的表現不錯，但很顯然我只要更努力，成績就會更好。我十八歲的腦袋實在不懂問題出在哪裡，只覺得我的表現在隊上算是不錯的，而且我沒有使出全力，就能有如此的成績，這有什麼不對？沒想到這個問題卻在我跟教練之間，延燒一整個賽季。

不要管別人對你的想法

當時的我在聽拿破崙．希爾的演講錄音。希爾的著作《思考致富》是史上最暢銷的商管書之一。他在演講中奉勸學生，要戒除在意「他們」怎麼說的習慣。他承認他花了不少精神尋找，但到現在還是不知道「他們」是誰＊。

我在第四章稍微談過這個問題，在〈「他們」怎麼說〉那一節，我現在想更深入討論。二〇一五年，嘻哈音樂家ＤＪ卡利以一句廣受歡迎的「離他們遠一點（Stay away from they）」，解開了謎團。他所謂的「他們」，指的是那些唱反調的人、酸民，總之就是那些想阻止你成功的人。

我們總是假裝不在乎別人對我們的看法。我們在這麼多不成功的人當中，總是很在意自己有沒有成功。我們覺得公然失敗很糗。這種潛意識的不自在會引發自我毀滅的行為，瓦解了我

＊http://itunes.apple.com/us/album/napoleon-hill-in-his-own-voice/668322814.

們得來不易的成功。

有時候我們**應該要**在意別人對我們的看法。求職面試、約會、政治造勢、出版，以及現場表演都是很好的例子。你的觀眾要是不喜歡你，或是再也不聽你說，那他們的看法就非常重要。但在人生的某些領域，外界的看法其實並不重要，我們卻偏要追求別人的認同。

以下的兩個心理策略，能幫助你避開「他們怎麼說」的陷阱。如果你已經掉入陷阱，這兩個策略也能幫助你走出來。

策略一：要記住，沒有人想到你

雖然你以為大家都在意你，但其實大多數人在大多數時間，完全不會想到你，也完全不會批評你這個人。別人看著你，跟你說話，或是談到你的時候，其實根本沒有想到你。真的，真的是這樣。他們在這些時候，所說的跟所想的都是他們自己，只是碰巧拿你當投射的螢幕。

你看著別人，往往也不是真的在**看**別人。你其實是把你眼中的對方的形象，拿來跟你眼中的自己，或是你眼中類似的人的形象互相比較。如果你有公開演說，或是公開表演的經驗，你望著觀眾席，會看到一張張面無表情的臉回望著你。那些人也許是在打量你，但並不是負面的打量。他們是在想你說的話，還有你做的事情，如何能套用在**他們**身上。他們是在利用你，思考自己的事情。我們都會這樣，總是這樣。

別人看著你，你就反映了他們的信念、不安、自豪、需要改進的地方，以及所有他們在自己身上看不見的東西。不要太在意別人會怎麼批評你，因為就算別人看起來像在批評你，其實都不是。

我在臺上演說，並不會在意臺下的觀眾怎麼看我。我受到聘請才站上演講臺，觀眾則在思考我說的話能不能應用在他們身上，這個問題的答案才會影響他們對我的看法。他們對我的看法，其實是反映出他們對自己的看法。

策略二：要知道，唯一能製造成果的是人

到了十六歲，我已經厭倦了那群小孩嘲笑我不會灌籃。我決定要學會灌籃的本事。

我在《SLAM》雜誌上看到一則廣告，是一個訓練課程，保證能在十五週之後，將我的垂直跳高度增加二十至三十公分。我寄了一張匯票到廣告中的地址（歡迎來到一九九〇年代！），幾星期後收到一本二十頁的教學手冊，我就開始練習。

十五週過了一半，成果開始顯現。我跳得更高也更快。速度與橫向移動更具有爆發力。到了一九九八年的夏季末，我已經能夠輕鬆灌籃，多了一種新的實力。

我在大學時代又做了一次十五週訓練，後來在職業生涯也進行過兩次。有時候隊友會問我如何訓練體能，我就把教學手冊拿給他們試試。

他們後來怎麼樣了？完全沒差別。沒有一個有成果，這也難怪，因為沒有一個**完成**全部十五週的訓練。有個隊友說這樣訓練太辛苦；另一個隊友說，他看得出來這一套對我很有效，

但對**他**沒效。其他人則是默默放棄，再也沒向我提起。

這個經驗讓我明白關於我自己，還有其他人的兩件事：

一、大多數人開了頭卻沒有完成。換句話說，我只要養成把事情**做完**的習慣，即使資源與天賦不如別人，也照樣能領先。

二、很多人會「嘗試」，卻不相信會有正面的結果。我把垂直跳訓練手冊送給隊友，他們卻從一開始就存疑、否定，所以沒有全心投入訓練，於是最薄弱的藉口，都能成為放棄的理由。

我在網路上發表了超過六千部籃球訓練影片。有時候有些球員看見我獨自練習的影片，就問我：

要怎麼知道這些訓練跟動作在真正的比賽能派上用場？你一個人訓練看起來很好，但是萬一有人跟你對抗怎麼辦？萬一遇到比較高，比較快，又更有經驗的防守球員怎麼辦？我怎麼知道你的訓練方法真的有效？

這個問題好像很有道理對不對？我們遇到一套戰術、提示、戰略與建議，當然會想知道是否管用。先知道**管不管用**，再決定要不要做，不是比較明智嗎？

是，是很有道理，就是因為太有道理，所以很多人什麼都不做。

你看，有些人浪費時間要別人保證，他們**考慮**要做的事情一定會有收穫。但是俗話說得好，只有在字典裡，結果（result）才會出現在努力（work）之前。很多人就是因為不確定努力一定會有收穫，所以不肯開始努力。

他們隨口就能說出很有道理的藉口：

- 我知道的還不夠多，還沒辦法開始。
- 我不確定行得通。
- 我不想浪費時間做沒把握的事。
- 我要等到了解透澈再開始。
- 我不想隨便做。

人生唯一能創造成果的只有人。策略不會創造成果。提示、戰術、工具，以及撇步也不會。訓練、練習、計畫與線上課程也不會。**人類**才會製造成果。

你可曾看過兩個人在同一個地方，採用相同的策略，可是只有一個人成功？成敗並不完全因為策略，最主要的變數還是人。

你無法承擔完全的責任，事情就永遠不會順利。萬一你的同事與隊友一直沒辦法提升技能怎麼辦？萬一你的工具始終沒有更換、沒有更新怎麼辦？問題出在**別人**身上，**你**能怎麼辦？

強大的人絕對不會怪罪工具、隊友，或者是任何他們無法完全控制的因素，所以他們有力量製造成果。即使結果出了問題，他們也有能力改正。

我結束了在蒙特內哥羅的職籃生涯，回到美國之後，又在佛羅里達州坦帕灣的洛杉磯健身中心打休閒聯賽。我在蒙特內哥羅的成績很好，所以當時的我自信爆棚，也覺得身體狀況不錯。我認識一個以前也打過大學籃球校隊的傢伙，他邀請我加入他在聯賽籌組的球隊，我答應了。結果這傢伙整個賽季只打了一場比賽，就去忙其他的事情，而我得跟一群不怎麼樣的球員合作。我發覺在這個球隊，我只有一條很累但也很好玩的路可以走：主導比賽，承擔得分的全部責任。我以前埋怨隊友葛斯只顧自己得分，不肯傳球，但這次的情況不一樣。葛斯的身邊有高手隊友，我卻沒有。我這樣做是出於戰略，並不是一派自私。

如果你發現你的策略無效，首先要確定**你自己**有沒有正常運作。你懶惰嗎？欠缺技能嗎？是不是沒有拚盡全力？是不是無論遇到什麼狀況，都能拿出爛藉口搪塞？身邊有沒有人願意說實話，指出你的問題？接下來看看你的策略。如果你的計畫有問題，那就加以修正，或是換一個新的計畫；這個計畫要是沒有用，就再訂另一個計畫，不斷更新，直到奏效為止（前提是你自己要正常發揮）。這個永恆的定律永遠不會過時。

身為籃球員，我從來不做下半身舉重。第一個原因是我誤以為做這個，會害我速度變慢；

第二個原因是，我不知道要怎麼做（要舉起沉重的自由重量，正確的姿勢非常重要）。我後來做拉舉才意識到這一點。

我不曉得舉重的正確姿勢，結果弄傷了我的下背部，一連痛了幾個月。我在多年之後，才再次嘗試下半身舉重。那時的我已經懂得正確的姿勢，拉舉還成為我最喜歡的力量訓練。問題並不在於運動本身，而在於我自己缺乏知識與訓練。

計畫、策略與方案都只是文字，不會動，不會說話，也不會努力。這些沒有生命的東西**絕對不會**製造成果。

人會製造成果。不過有些人也不見得會。

策略三：要活得沒有後悔

天底下沒有比後悔更難受的感覺，尤其是後悔自己沒做哪些事。後悔最讓人受不了的，是你根本無計可施，只能沉溺於另一種可能。

想要沒有後悔，其實並不困難。事情發生了就發生了，現在能做的，唯有澈底把握現在，讓過去永遠停留在過去。你的現在只要夠精采，過去的後悔就會煙消雲散。

也許你有一些不小的後悔，不時困擾著你，因為你不可能回到過去，改正當時的錯誤。遇到這種情況，你要回答兩個問題：

一、過去的後悔拖慢了我現在的腳步，我該怎麼辦？

二、我要怎樣才能確定往後不會再後悔？我要怎麼把我所擁有的時間最大化，不會再有沒做的事情，沒說的話，沒實現的人生？

問題一的答案很簡單：讓過去成為過去，不要再執著。拉丁文 Amor fati 的意思是「命運之愛」。你的人生到目前為止所發生的每一件事情，都是事出有因，也成就了今天的你。

我相信你一定遇到過一種情況，當時的事態發展只要稍有不同，你就不會是今天的你。這種情況，連同隨之而來的遺憾，造就了此時此刻的你。你如果要回到從前，「彌補」那些遺憾，也勢必要承擔錯失良機的風險，只能盼望還會再遇到良機。你要冒這個險嗎？

至於第二個問題，牽涉到未來，下列的方法能讓你未來不會有後悔。

行動多一些，思考少一些。我們要面對一個簡單的事實：大多數時候我們沒達成願望，是因為做得不夠多。我們不夠努力，要求不夠多，不夠相信自己，沒有堅持要別人投入得夠多。想想你以前沒有達成目標的經驗。是不是有些事情做得不夠？我當年要是跟教練談一談，了解他對我究竟有怎樣的期待，我的大學籃球校隊生涯，也不會在三年級慘澹結束。可惜當時的我太年輕，也太笨，不知道自己在權力鬥爭中毫無勝算。

儘管如此，很多人天生害怕自己「太超過」，怕自己做得太多，把價錢訂得太高，太勞累，也怕耗盡手上的資源。你的人生有幾次失敗是因為你做得太多，走得太遠，做得太過火？也許有一、兩次。我問過的大多數人，次數用兩隻手都數得完。有一件事我倒是很確定，你「做不夠」的遺憾，絕對比你「做太多」的遺憾多很多。

我們做不夠的次數，比我們做太多的次數**多很多**。同時我們對失敗的記憶，也比對成功的記憶更鮮明。我們做得不夠，就會為自己開脫，說：「我沒做錯什麼，但是……」

你要是做太多，而結果不理想，你反而會認為就是因為做太多才會搞砸。所以我們對於所謂的「太超過」感受很強烈，也非常反感。問題是這樣想會錯失機會與成功。情況如果「夠好」，我們會擔心再跨出一步，就要引爆炸彈，炸燬一切。這都是恐懼在作祟。儘管恐懼是一種我們不能、也不應消滅的本能（因為我們需要恐懼才能活命），但我們必須學會控制恐懼。

要怎麼控制？

下次你想做什麼，不要再浪費無謂的時間考慮，做就是了。你的迅速與果斷，會讓你領先那些恐懼膽怯的大多數人。你會製造出身體與心理的動力。如今在商場上，我只要對共事的對象有不好的觀感，就會結束與此人的關係。雖然不是每一次都能輕易判斷，但我發現我的直覺通常是對的。而且我愈是猶豫不決，就會因為我的拖延而損失愈多。

你也許會很納悶，沒什麼知識、沒什麼經驗的人，是否也適用這一套規則？是的，雖然你有可能搞砸，但至少你會知道，怎樣的行動會帶來怎樣的後果；你也會得到光憑計畫與閱讀無法得到的寶貴經驗。而且你採取的行動愈多，就愈快、也愈有可能採取正確的行動，獲得成果。

我在二〇〇七年大舉寄出電子郵件宣傳自己，在此之前我並沒有上過電子郵件行銷的課程，也沒有請教過任何一個以同樣方法拿到合約的球員。我就直接這樣做，持續努力直到有結果為止！

試試你自己想出的荒謬點子。有人覺得，寫電子郵件請專家幫忙，是瘋狂又荒謬的行徑。對某些人來說，從飛機上跳下來才叫荒謬。對你來說，也許要求加薪，或者主動找鄰居攀談，是天方夜譚。反正每個人都有一些荒謬的念頭，想到就害怕。

那就試試看吧。做你從來不會做的事，說你從來不會說的話，走出你的舒適圈。就**這一次**，看看你能走多遠。你會發現並沒有你所想的那樣瘋狂，也許你會發現你比你想像的還要瘋狂。你會更有勇氣嘗試更多事情。光是這種精神，就會消滅很多潛在的遺憾。

換一個新心態：我是寧願因為做了而後悔，還是寧願後悔什麼都沒做？改變你對於冒險，還有你所謂的**太超過**的觀念。你是寧願累死（因為做太多，也許是耗盡精力），還是寧願腐朽（什麼都不做，直到你這個人完全無用）？

後悔是一種開放式問題。**我當初要是這麼做，這麼說，會怎麼樣？結局會不會不一樣？**後悔最讓人受不了的，就是你永遠不會知道另一種結局。所以你要培養出新的心態：

• 我是不是寧願承受最慘烈的失敗，也要試試看？
• 還是我寧願什麼都不做，帶著遺憾過完餘生？

你是不是寧願知道會怎麼樣，而不是看著一個「我要是這樣做，會怎麼樣」的大問號？你要是嘗試卻搞砸了，甚至一敗塗地，那也還是會有：

一、**一個故事可以告訴別人**。你經歷過某件事情，得到某種結果。這個經驗成為你的一部分，也可以激勵你繼續勇闖難關。這就是**經驗**。你跟那些只想過，或是只聽過你做的事情的人的差別，就在於你有經驗。

二、**行動知識**。經驗告訴你**這個**行為會帶來**這個**結果。行動知識的價值遠遠超過書本知識。

三、**做同樣一件事情比較不會恐懼**。恐懼來自未知。你已經有了經驗，知道是怎麼一回事。

四、**動力**。反正都動起來了，何不再試試看別的？

五、**精力**。活動並不會耗盡精力，反而會製造更多精力。

你有幾次是第一次嘗試一件事情，就澈底搞砸？絕對不會。只有一開始就不肯嘗試，才會澈底搞砸。僅僅是嘗試，就已經是邁向成功。俗話說得好，**放棄以前都不算失敗**。僅僅是開始做，是不可能會失敗的。所以就做吧。

最重要的是：你在人生當中很少會因為做事而造成遺憾，甚至根本不會有；反過來說，你的遺憾有百分之九十九來自你沒有做的事，沒有做完的事，做得不夠的事，以及你沒有說的話。

看你的本事

寧願做了後悔，也不要後悔沒做。

策略四：要記得，你沒有義務向任何人證明什麼

你可曾因為下列的原因，去追求一個目標？

- 為了讓別人閉嘴？
- 為了證明你從頭到尾都是對的？
- 為了證明你夠厲害？

這些都是很強大的動機，可能也會促使你達到目的。但你若是刻意要證明給別人看，尤其是那些並不是我們想效法的成功人士，那對你自己並沒有好處。那我們為什麼會想滿足他們的期待？

你想證明的對象通常是：

- 成就不如你
- 領先你，但你不斷進步，他們卻原地踏步。你還沒超越他們，所以他們會有錯誤的優越感
- 不提升自己
- 不是真心希望你進步
- 有稀缺心態，所以完全不想幫助你進步

如果你的動機是要證明別人都錯了，要讓別人閉上嘴巴，那等於是把你自己陷入贏不了的賽局。你一旦做到了「他們」認為你做不到的事情，就會有更多的「他們」出現。「他們」還會提出新的門檻，或是講出另一番道理，讓你覺得（一）你還是沒有達到「應有的」目標，因為目標變了，或是（二）比不上某個領先你的第三人。

我在費城的運動場打籃球，也會遇到講垃圾話的人。垃圾話說得最厲害的人，往往不在場上打球，而是場邊的觀眾。

那些待在場邊、也許永遠沒比賽過球的觀眾，想要挑起場上的球員，或是場邊其他觀眾的附和或反應，藉此拿到「無能上場」的證明。這種瞎起鬨的觀眾甚至不介意得到的回應是正面還是負面。對這種人來說，只要得到回應，就是跟場上球員最接近的距離。

這種人常說的一句話是「**把你的本事秀給我看看**」，意思是要球員展現一下實力，他才捨得讚美。這種先保留讚美，等看到真本事再說的做法，會讓他覺得自己很重要：你要是表現得好，這種人會覺得，你是刻意表現給他看；你要是表現平平，他會認為你承受不住壓力。場上的球員也會用這一招。你在費城湊隊打籃球，說不定就有**隊友**會跟你講這種垃圾話。

總歸一句就是：世上有不少人寧願要**你**負責好好表現，也不要自己好好表現。要別人表現更好，績效更好，多多投籃，加強防守，成交更多，或是在其他方面好好表現，都比要求自己容易多了。

這種所謂的**表現給我看**經濟，衍生出各種媒體。誰都想指點別人怎麼做，還要規定別人做得多好、多快，跟誰合作。那些人講得好像別人應該滿足他們開出的條件，才稱得上是個咖。大型電視臺還開設節目，專門請幾張嘴巴指點別人應該怎麼做。在大型運動競賽期間，還有人寧願冒著被嘲笑的風險，也要在社群媒體上大放厥詞，說參賽的運動員應該怎麼做才對。

警告：如果你也有這個毛病，哪怕只發作過一次，就表示你已經當過魯蛇。要改，現在就改。

你做得愈多，知道你的人就愈多，議論你的人也愈多。有些人會給你實用的建議，你自己要懂得從眾聲喧譁之中，找出少之又少的金玉良言。那些要求你拿出表現的人，自己的人生往往乏善可陳，所以才會**需要**你「表現」給他們看！

就讓這些魯蛇停留在屬於他們的一無所有吧。你沒有義務證明，或是表現給任何人看。

要記住：

一、身為你最喜歡的運動員，或是某個名流的粉絲，對他們的期待，絕對不能超出對你自己的期待。（這個意思並不是要你別太期待家鄉球隊在新賽季的表現，而是……）

二、每當你想提高對別人的期待，就要以更高的標準要求**自己**。

三、想像你的人生在電視上播放，一舉一動都受到別人的注目與議論。每一個小動作、表情、對話，都逃不過那一臺對準你的攝影機。**你的**粉絲會怎麼談論你？會批評哪些方面？有多少批評是正確的？觀眾會不會才看一會兒，就覺得你很無趣想轉臺？

第七章
積極主動

所謂一個人有進取心，意思是說這個人積極主動，會**創造**機緣，不會坐等機緣出現。這一章要介紹「投入賽局」的第四原則：積極進取，意思是說要主動掌握你的成功，要在別人要求**之前**，就主動做事。要在迫於情勢不得不做之前；要在聽見或看見別人做這件事情之前；也要在最後期限催逼之前。

堅持：貫徹到底是積極進取的關鍵

我推出的第一支 YouTube 影片，是示範灌籃，接著是比賽的精采片段。不過影片最精采的亮點，則是我拿到影片的經過。

我在二〇〇五年六月，參加一個職業籃球選秀營。在選秀營開始的前幾週，我和主辦人通電話，詢問何時能拿到選秀營的比賽錄影。這很重要，因為我要把影片拿給經紀人、教練、球隊看，爭取他們的青睞。

主辦人說，我在選秀營結束之後的一個禮拜內，就會拿到影片。結果一個禮拜過去了，我始終沒有收到。夏季漸漸流逝，歐洲的職業籃球隊八月就要開始集訓。我得快拿到錄影帶才行。

我寄了幾封電子郵件給主辦人，收到一堆藉口，就是沒有錄影帶的下文。換成是別人，也許會放棄，但我知道只要我堅持下去，就能達到目的。所以我不斷以禮貌卻也堅定的態度告訴她，我要讓籃球界認識我，百分之九十九點九要靠選秀營的錄影帶。三天之後，我收到一個軟墊信封，裡面裝著我要的錄影帶。

看你的本事

有時候你要放把火才會有動靜。

樂於接受每一個新的機會

錄影帶中的影片為我開啟了YouTube的大門，也是我在二〇〇六年四月二十八日，在

YouTube發布的第一支三分鐘長影片的主要素材。觀眾的反應很好，於是我開始在二〇〇七年，帶著別人送我的攝影機，到籃球館拍攝我的訓練影片。那些剪輯粗糙的影片吸引了一群粉絲，有很多到現在仍然支持我。另外也有一些粉絲是後來認識我，還有一些則是不再關注籃球，後來看見我談論籃球之外的話題，就再次與我接觸。

從二〇〇六到二〇一〇年，我的粉絲問了許多關於我的比賽，還有我的籃球經驗的問題。我全都用影片回答，吸引了不少關注，也引來更多問題。**等一下！你在高中幾乎沒上場，在大學又是跑龍套，後來怎麼會變成職業球員？你的心態是什麼？你如何保持自信？你在比賽前會不會緊張？萬一緊張怎麼辦？**

這些問題的答案，都在我的「評論」系列影片，也就是這本書的素材。這個經驗也讓我發現，我在籃球生涯結束之後能做些什麼，雖然當時還不知道何時會結束。

從那個時候開始，一直到二〇一四年的春季，我每個禮拜錄製一百至一百七十五支影片。後來我決定放一個禮拜的假，不去健身房，不練習，不錄製影片。有幾天我用來寫作，其餘幾天就在南岬公園練瑜伽。我在這段時間也大量閱讀。最後我還做了一件事，那是住在南灘的華盛頓大道附近第五街的我，幾乎沒做過的事：去海灘。

我一個星期沒去健身房，也沒瘋掉，於是我發現離開籃球的時刻已經到來，而且我的人生沒有籃球，也可以過得很好。

既然如此，我開始思考人生的下一站。多年來我已經在銷售商品，包括書籍、專為運動員設計的訓練課程，以及線上課程。而且我還知道四件事：

一、我有很多觀眾原本在打籃球，等到快要滿二十歲，就去做別的事情。如果我只談籃球，只推出籃球影片，別的一概不涉獵，那就無法再滿足他們的需求。

二、我始終不想把自己陷入框架，只做一個**打籃球的**。我知道我還有很多東西，可以跟那些比較少參與、也比較少觀賞運動的人分享。

三、我一向很擅長把概念簡化成「很好消化的」大小，別人即使不熟悉這個主題，也能輕易理解。我在籃球領域經常如此，也可以把這一套運用在我感興趣、非運動領域的概念上。

四、我從孩提時，就總是希望有很多人知道我是誰。現在我的籃球生涯即將結束，這個目標卻還沒有達成，所以我還需要發聲的管道。

現在我只需要研究，如何運用這四點，開啟新的職業生涯。我要更加積極才行，因為不會有人突然冒出來，送給我新的謀生方法。我必須**靠自己**，就好比**你**想成功，終究也是要靠**你自己**。

如何運用已經具備的專長，轉換新的跑道

我除了錄製影片之外，也喜歡現場演說。每一次在課堂上報告，跟籃球隊友說話，或是網路直播，我都覺得非常好玩，活力十足。但我對於商業類型的公開演說一無所知，連自己**到底有沒有**商業這一層面都不知道。為了搞清楚狀況，我又用了一次先前在籃球上使用過的方法：大規模行動，盡可能表現，即使貼錢也在所不惜，要宣傳我自己。我認為**如果我有本事，總會有人注意到我，機會也會隨之而來。**

我每星期參加一場湊隊球賽，每一次比賽結束，都跟場邊的一位觀眾聊天。我跟他說，我考慮結束我的籃球生涯。他問我，接下來打算做什麼。我說，我想當一個職業講者。他問我，有沒有聽過國際演講協會？我說聽過，但不知道那是什麼，也不知道為什麼會有人想參與。他說，那是一個練習聽與說的技巧的地方。我覺得正適合我。於是我找到國際演講協會在邁阿密海灘的據點，下一次聚會就直接加入。

我記得第一次參加聚會，聽了三個人發表五至七分鐘的簡短演說。我在開車回家的路上，對於自己即將發表的演說超級期待，已經在思考要說什麼、該怎麼說。到了「破冰」的那一天，我站在十到十五個人面前，（簡短）說出我的故事。

我對聽眾說，我之所以加入，是希望日後能成為職業講者。其實我根本不確定，國際演講協會是不是訓練職業講者的地方（後來我發現不是），但我還是要繼續行動，直到搞清楚為止。

那天在場的觀眾，也包括國家美式足球聯盟前明星隊成員菲利普・布哈農。他跟我說，他也跟我走一樣的道路，是轉戰商界的前運動員。他即將參加一個活動，會遇見幾位很熟悉專業演說的人士。我另外有約好的行程，無法跟他一同前往。菲利普說，他只要遇到可能會對我有幫助的當地人，就會介紹給我認識。

菲利普果然遵守諾言。我們見面後不久，他就傳簡訊告訴我當娜・聖路易斯的姓名與電話。當娜是一位遊歷很廣的知名講者，在商界經營多年。我跟她通了電話，她建議我們下週見面，討論平臺事業。「平臺」指的是我的演說、寫書、諮詢，總之是我成為意見領袖的過程。

我們見面會談，我做了一大堆筆記。當娜每講完一段話，就會停下來問我，覺得剛才說的有沒有幫助。我說絕對有，繼續做筆記。本來預定會談三十分鐘，結果三小時下來，我做了十幾頁的筆記。那天結束會談之後，我寄了一封電子郵件給當娜，是我依據她分享的內容，想出的三十個文章主題。她採用了幾個，寫成她在 LinkedIn 發表的熱門文章。她成為我的良師，給我很多指導。

如果情況許可，不妨自願免費工作，換取經驗

雖然我從當娜身上學到不少，但我畢竟還是這個新領域的菜鳥。我決定要以最簡單的方式，打響我的知名度，把握每一個亮相的機會，無論有沒有酬勞都沒關係。我加入國際演講協

會、扶輪社，以及CreativeMornings，也在各地的臨時拘留所、Skype會議，還有每天發表的YouTube影片、網路直播發表談話。

幾年之後，來到二〇一七年的夏季，我前往亞特蘭大的一場會議演說。我不但沒有演說費，還得自行支付旅館住宿、交通和餐費。這是投資我自己，也是一場我不知道能不能贏的賭博。主辦單位是拿與會人士的「素質」吸引我，但我是新手，不確定主辦單位到底是說了實話，還是只想招攬我加入講者陣容。不過我先前說過，我寧願做了再後悔，也不要不做之後再拿「萬一」折磨自己。

演說的那一天下著雨，心情不怎麼興奮的我開車前往會場，開進位在亞特蘭大鬧區的世界會議中心停車場，暗自想著，**我幹嘛跑來這裡演講？**

但到了上場時間，我內心住著的講者立刻甦醒。我一看到會議廳，立刻進入「心理地帶」（見第四章）。演說開始前的幾小時，我想像著演說時要如何在場地走動，哪些重點要在場地的哪些地方講，連會後合照、錄影的地方都想好了。接著我上臺演說。觀眾很專注，做了筆記，也積極參與問答時間。

會後有幾個人找到我，代表他們的機構邀請我合作。其中一位來自全美大學體育協會，還有一位來自NBA；還有一位女士問我有沒有興趣和大型出版社合作寫書。合作的成果就是你現在在看的這本書。

我積極踏出第一步，勇敢冒險之後，類似這樣的機緣湊巧，就屢屢出現在我的人生。不見得**每一次**都會有結果，但我真的很開心，這一次沒有空手而回。

你要如何創造機緣呢？要主動積極，把這種能量引入你的人生。如果你是一位講者，就不要錯過每一次演講的機會。如果你是運動員，只要有機會，就要多多上場，拚盡全力。如果你是作者，逮到機會就要寫作！

唯有做好準備，把握機會，才會碰上好運。

我有多少次是自動自發，主動做沒人要求我做的事？我要是**不**積極主動，會有後面的故事嗎？

採取主動的我得到了工作、約會、金錢與機會。我要是被動等待，沒有一樣會降臨。即使在大多數人不看好的情況下，我照樣能找到機會。

要做溫度調節器，也要做溫度計

我很喜歡網路上的留言版。多年來，我閱讀並回覆了超過一百五十萬則我的部落格、YouTube 影片、網路直播，以及社群媒體貼文上的網友留言。

我在 YouTube 開始一天發表一支訓練影片，不久之後就開始有愈來愈多還在努力的籃球員請我幫忙。其中一則留言，給了我創造第一個產品的靈感。一位網友留言，建議我把每天做的訓練設計成一套課程，把內容公開。我回答說沒問題，但這需要花時間與精神，所以我做出來的產品必須收費。如果我做出來，大家是否願意花錢購買？絕大多數的回應（YouTube 影片的留言）是**願意**。我的第一個產品「籃球手冊」，在我寫這本書的時候，已經接到超過一萬三千筆訂單。直到現在，網友的留言與提問，依然是我設計產品和寫作的靈感泉源。即使是負面的東西，也照樣有幫助。就像我最喜歡的作家羅伯特．格林說的，**什麼都能拿來當素材**。

但也要當心網友留言。我的確從網友留言得到很好的靈感，但留言版也可以是人類生活的糞坑。我在網路上常常提醒觀眾，我的目的是要他們告別觀眾的身分，成為別人收看的對象。這一章的主題是行動與承擔，所以就來談談如何將旁觀者與行動者分隔開來。

在我們這個世界，有很多素材可以看、可以閱讀、可以聽、可以評論。素材的深度與廣度每一天都在增加。在接下來的幾節，你會知道該如何將自己抽離那些旁觀評論的觀眾，成為他們評論的對象。

溫度計只會報告新聞

溫度計有一個功能：告訴你現在氣溫是幾度，僅此而已。溫度計觀察現在的情況，向你回報。我們每一個人，都會在不同的時候，以不同的方式扮演溫度計。你表達意見、閱讀，或是觀看的時候，你就是溫度計。事情發生了，你也看見了。這本書分享的很多道理，都是來自溫度計的經驗。

溫度計確實有用，畢竟有時候我們**想**知道現在的溫度。我每天都會依據氣象報告，決定該穿什麼衣服。我錄製影片，或是寫一本書，也會與別人分享，希望能得到回應。我如果要在生意上做出重大決定，也會需要智囊團告訴我資訊。我經常需要所謂的溫度計報告。身邊能有幾支溫度計，也是件好事。

但是要小心，不要在溫度計模式停留太久。有些人一輩子始終沒脫離溫度計模式，整天忙著窺看打聽別人的事情，再一一告訴你。酸民就是溫度計，整天看別人在做什麼，不時酸個幾句。你應該不會想一直做個溫度計。碰到事情永遠只是觀眾，無力改變局勢，實在很悶。如果不僅能**知道**現在的情況，還能**影響**局勢，不是更好嗎？

溫度調節器會製造新聞

溫度調節器接收了溫度計報告的消息，決定該如何處理，也立刻執行。如果你家裡裝了中央空調，那你的溫度調節器一直在運作，不斷接收溫度計傳來的訊息，維持你想要的溫度。

溫度調節器需要溫度計才能發揮作用。我們要是不知道哪邊需要調整，又該調整成什麼樣子，就不可能做出調整。好的溫度調節器，需要搭配好的溫度計。

你的教練、良師或主管就是你的溫度計，把他們看見的，還有他們的想法傳達給你。你則是溫度調節器，要負責改善教練觀察到的情況。優秀的溫度計會指點溫度調節器展現最好的成績。

了解你的溫度

我們每一個人都既是溫度計，也是溫度調節器，問題在於我們扮演這兩種角色有多頻繁？又扮演多久？你花多少時間關注別人，評論別人，又花多少時間扮演別人關注評論的對象？在美國之外的許多職業球隊，只會雇用一位美國出生的球員，說不定連一位都不肯雇用。有時是因為聯賽的規定，有時則是受限於預算。在很多國家及聯賽，美國運動員不僅要擔任表現最好的明星，平常也要幫忙提升「本地」運動員（也就是來自隊伍所在的國家的運動員）的實力。我以前請教過一位在西班牙工作的職業籃球教練（我從來沒在西班牙打過球），想打職業籃球的美國人這麼多，很多都是頂尖球員，他是如何挑選的？他說，他的球隊挑選球員的唯一考量，是這個球員能不能解決球隊的問題。假如球隊很年輕，不擅長搶籃板，教練要尋找的就是一名擅長搶籃板，能以身作則帶領隊友的老將。如果球隊最欠缺的是得分與運球能力，教練就要尋找一位兼具這兩種能力的球員。能解決最多問題的球員，就是教練最想要的球員。

你在職場的情況也是一樣。你在職場的價值，取決於你解決了多少問題，你解決問題的效率又有多高。

身邊最好能有一個人替你留意狀況，如果這個人能控制事態的發展，那就更好了。溫度計只是**反映**現況，溫度調節器**才是**現況。

接下來我要向你介紹一個傢伙。他就是他自己的溫度調節器，完全不依賴別人。

看你的本事

你需要怎樣的心態，才能永遠當一個溫度調節器？你如何才能永遠扮演調節器的角色？

忙得團團轉的星巴克員工

有一天，我去星巴克寫作，很快就發現有一位員工很不一樣。他在店裡忙來忙去，整理環境，補充配料臺上的配料，維持秩序。他拚命工作的樣子很特別，我從未在其他地方看過。我看見這位員工，第一個直覺是，他不外乎是這三種情況：

- 需要去洗手間
- 正要下班或休息，或者是
- 初來乍到的新員工，刻意表現給主管看

我在星巴克坐了兩小時，看著這位忙碌的員工跟同事還有顧客互動，發覺他顯然不是新員工。他也不是刻意表現給老闆看。就我的判斷，在店內的三個員工當中，他**就是**主管。我也沒看見他去洗手間。

我很想問問這位忙碌不休的咖啡店員工，為什麼要忙成這樣？可是我看他幹活這樣流暢，又不想打斷他。我還看見他跪著刷地板，這可是我**從來不曾**在星巴克看見的景象。現在的他處於心理地帶，一邊工作、一邊以英語和西班牙語跟熟客聊天，跟櫃檯後方的兩名員工說話，還唱著店內音響播放的每一首歌曲。

我很感動。他的態度這麼認真，誰都會想聘請，甚至可以不看他的資歷。擁有這樣的態度，技能就變成次要，或者說根本不重要。

也許你曾經擁有這樣的同事。這種人有一種積極進取的正能量，身邊的人相形之下顯得很懶惰。同事要嘛欣賞他們的勤奮，要嘛討厭他們讓自己顯得懶惰。但無論如何，誰也不能質疑他們積極任事的精神。

我最後並沒有跟這位勤奮的員工說話，如果有的話，我覺得他一定會告訴我，他這樣賣力並不是因為對星巴克盲目忠誠，而是有更大的原因。也許他想以身作則給同事看；也許他希望顧客能有美好的經驗。無論是什麼原因，我百分之九十九確定，他的原動力絕對不只是星巴克的綠圍裙與時薪。

要下定決心認真積極，動作俐落，以更快的速度，完成更多的事情。別人會注意到的。這個建議很簡單，但很少人會採納。

我接觸過的每一個輔導或諮詢的客戶，都是從我一直在做的事情與我聯繫，例如網路直播、影片，或是在別人的節目或電視臺擔任來賓。我並沒有主動尋找新客戶，我只是盡力把當時在做的事情做到最好，機會就來找到我。那一位星巴克先生，如果我那天看見的，就是他的正常發揮，那麼即使還沒有機會找上門，也應該很快就會有好消息。

我第一次見到那位星巴克勤奮男，腦中浮現的第一個問題與他無關，而是與我自己有關。我是不是也以同樣的快節奏、同樣的急迫感做事？他做的是勞力工作，我則是寫書，但這個問題仍然適用。我們的身體與心理只要一方有急迫感，另一方就會跟進。

真的就是這麼簡單。一個念頭只要實踐的次數夠多，就會變成習慣。

但你一開始為什麼會有這個念頭？像那位星巴克員工一樣拚命，能有什麼好處？為什麼要效法他？

看你的本事

你能不能比以前工作得更認真，更好，更快，更有效率？如果可以，原因是什麼？你在成功之後，該如何**維持**這種表現？

萬一你就是很擅長做這份工作，感覺不費吹灰之力怎麼辦？如果你經常提升實力、強化心理素質，就不需要這麼拚命了，對不對？反正又沒有人會注意到，對不對？

錯了。

接下來我要告訴你，我是如何發現我騙不了每一個人。當時的我有本事，卻沒有盡全力。

要順利，但不要出工不出力

我從立陶宛回到美國之後，一連幾個月經常前往費城安多拉區的洛杉磯健身中心。那裡有個籃球館，有人跟我說，最好的比賽都在那裡上演。在這段日子，我參加的湊隊比賽，是我在費城住了二十四年來最精采的。

每逢週一至週四的晚上，我看見AND1 Mixtape巡迴賽（在YouTube時代誕生前的街頭籃球精采集錦錄影帶）的球員、NBA球員、他們的朋友、費城的街頭籃球傳奇巨星，還有一些尚未成名、但球技不俗的球員，打起籃球來非常認真。想在這裡打球，最好認真一點。大家認真到最後，洛杉磯健身中心的主管不得不禁止圓筒包與登山包出現在籃球場，因為有人攜帶武器，要解決場上的紛爭。

有一天晚上，我打了幾場很激烈的湊隊比賽，有一位球友找我聊天。那天是我第一次遇見他，我知道他很喜歡我的球技。那年我二十三歲，我看他應該是三十五到四十歲左右。他是那種一出現就很有威嚴的人，不會給人太過好鬥、有威脅性的感覺，就是一種**氣勢**。他對我說的話，真的讓我大開眼界。

「卓瑞，首先呢，你是有**本事**的……你今天使出的幾招，是我在職業球員身上才會看見的招數。費城的每一個聯賽我都打過，我遇過的球友，很少具備像你這樣的能力。你**有球技**，我曉得**你**也知道這一點。我想跟你說的話，一定已經有人跟你說過，但我還是想說。你的教練一定也提醒過你。卓瑞，你打球是出工不出力，常常不夠賣力。」

大學四年來，我從來不覺得我的**球技**不足以跟別人競爭。我跟教練起衝突，每一次都是為了同一個原因：我不願意努力到超出舒適範圍的程度。這個人不認識我，我也從未見過他，卻完全看透了我，對我的評價完全正確。真可惡！

我在全美大學體育協會的第三級聯賽打球，出工不出力的毛病變得更嚴重。我的能力超越大多數的隊友跟對手。我不必火力全開，就能影響賽局，但是有些隊友跟對手不得不拚盡全力，才能跟上其他人的腳步。問題是當時的我還在混跡第三級聯賽，我**並沒有**厲害到能出工不出力，還能輕鬆取勝。所以我的教練才會對我不滿。

四年的大學時光，以每賽季二十五場比賽，每場比賽四十分鐘計算，總共是四千分鐘，我上場的時間差不多有一千分鐘。而在沒有上場的時間中，只有兩百分鐘是因為傷病，我在大二那年罹患膝蓋肌腱炎。

在安多拉區的洛杉磯健身中心的更衣室，這位先生繼續發表他的高見。

「卓瑞，我沒見過幾個比你更有天分的球員。我在別的球員身上看見的本事，你幾乎都有能力做到。問題是如果你到聯賽打球，對上那些天分跟你差不多的球員，而你**出工不出力**，那是不會贏的。別人認真打球，你出工不出力，那別人每一次都會打敗你。」

「你在這裡的對手，**一定要**拚盡全力，才能跟上你的程度。我年紀比較大，跟你們這些年紀輕的打球，就**不得不**拚命。卓瑞，你跟我們打球，常常一點都不認真。你只在某些時候認真。你要是能從頭認真到尾，以你的本事，**也許**會有好的發展。」

我謝謝這位先生的一番教誨，我們就此道別。

他說的話給我當頭棒喝。他只看過我這麼一次，看見我打得不錯，竟然就能診斷出我大學四年來最大的症狀。現在我明白了，我有天分，也累積了足以登上職業等級的實力，但我沒有盡全力，也沒能逃過別人的眼睛。我把這句話寫下來，**要順利，但不要出工不出力**，至今依然警惕自己。

就算你已經練就某種本事，看起來很輕鬆就能完成，也不代表你就能**不認真面對**。你愈有才能，就愈需要維持紀律，即使不必完全發揮也能過關，也還是要拿出最大的努力。

擁有本事並不代表就能鬆懈

擁有高超的技能，並不表示就能鬆懈，出工不出力，反而應該更努力才對。

擁有多少天賦，就會面臨多大的考驗。你擁有的本事愈多，別人就愈指望你展現實力。每一次報告，每一次交易，每一場競爭，你都是眾人眼中的領袖。你的團隊需要你承擔他們肩上的壓力。

誰負責接力賽的最後一棒？通常是跑得最快的人負責完成比賽，贏得勝利；在籃球比賽最後的搶分階段，球通常會傳給最厲害的球員，由這位球員決定該怎麼做；要做一場重要的報告，你也會派出最厲害的講者與銷售人員。

如果你就是那位最厲害的球員，或是最後一棒的跑者，那你要明白你所承擔的責任：整個團隊都指望你完成他們開始的工作。他們把這麼重要的任務託付給你，是因為知道你的本事，而你也知道自己的本事。要尊重這份責任。

你愈有實力，別人就愈期待你展現實力

我在蒙特內哥羅打球的那段日子，並不是日日都悠閒。我們訓練及比賽用的體育館雖然是全新的，暖氣系統卻始終是壞的。我當時住在科托灣的新海爾采格市，氣候雖然不像一月的費城那樣嚴寒，卻也冷得令人難受。

我們穿著連帽衫練球。我實在不喜歡冷天氣，打籃球更是受不了寒冷。我到蒙特內哥羅的時候，已經是職業籃球的老將，也知道身為隊裡唯一的美國人，背負著怎樣的期待：我每天都必須是體育館最優秀的球員，即使是練習也一樣。我鞭策自己在每一場練習展現我的體能、跑

動與灌籃能力，即使置身寒冷的體育館，全身的肌肉與關節也都冷冰冰的。結果我的膝蓋吃足了苦頭。到了下一個停賽季，我的膝蓋已經慘兮兮，但我知道我一定要繼續當全隊最佳球員，表現不能打折扣，即使在寒冷刺骨的體育館，也要苦撐下去。我們要是沒拿出最好的表現，不僅會危及自身的地位，連自己本身也會弱化。心理會弱化，因為我們下意識知道自己沒有盡全力；生理、財務、情緒也會一併弱化，最後完全失靈。

而且這是瞞不了人的。**每一個人**都能看出你沒有盡全力。別人雖然沒有拆穿你，卻也知道你是我們運動界常說的「打混」。但你自己可要時時警惕。

工作之所以**辛苦**，是有原因的。要是容易的話，誰都可以做。一旦擁有高超的技能，很容易以為不必太費力也能「過關」。其實這種想法沒有錯，確實可以過關。但是你的人生與職業生涯，難道只是追求**過關**而已嗎？

也許你的人生與這個故事有一點點類似；也許你想達到那個境界，想要厲害到不必拚盡全力也能達成目標。但無論如何，通往更高成就的途徑不是努力更少，而是努力更多。

數量的品質

葛蘭特・卡爾登在他的著作《選擇不做普通人》中提倡一個原則，也就是要付出達到目的所需力量的十倍（同時目的也要放大成十倍）。你聽過幾次有人因為缺乏技能、人脈與知識，所以拚盡全力的故事？世界上那些真正**白手起家**的人，向來都是如此，即使成功之後也是一樣。很多人竟然**因為**缺乏技能與知識，所以不採取行動。就算有人提醒，他們也會強調自己需要學更多東西，才能開始行動。

也許你聽過**質重於量**這句話，意思是說把事情做**對**，無論「**對**」的定義是什麼，比做這件事情的頻率還重要。在某些情況，品質確實比數量重要。我們想到的例子包括開心臟手術、婚姻或買家具。但在自我提升方面，品質卻常常是延遲行動的藉口，而非真正的原因。我認識的幾位銷售人員就覺得一定要備妥完美的劇本，才能打電話給客戶。結果好不容易打了第一通電話，卻不到五秒鐘就脫稿演出。

無論你對工作是否擅長，是新人還是老手，都一定要認識，也一定要運用我所謂的**量多才有品質**法則。如果你對工作很擅長，也知道自己的本事，也許只要多做一些，就能得到你想要的關注與結果。

我見過也經歷過許多類似的例子。有些人只是因為做得更多，就變得更好，至少在別人眼中變得更好。接下來要說一個這樣的故事。

真的很厲害，就把潛能發揮到極限！

二〇〇四年，我在 Foot Locker 鞋店工作，這是我大學畢業後的第一份工作。我有位同事叫羅伯，跟我一樣喜歡饒舌音樂。他老是鞭策我要跟上潮流，要聽他當時心目中最熱門的饒舌歌手，也就是小韋恩的作品。

我知道小韋恩。他從一九九〇年代唱到現在，跟他的團體 Hot Boys 一起發行過專輯，也發行個人專輯。我覺得他作為一個饒舌歌手還算可以，沒什麼特別。但有件事情羅伯曉得，我卻不知道。原來小韋恩開始大肆發行他的混音專輯，粉絲也全數吃下肚。他顯然是推出一個饒舌唱到掛的活動。從二〇〇五至二〇〇七年，他大概是人氣最高的饒舌歌手。他也自封是「在世饒舌歌手第一人」。

小韋恩覺得自己配得上最佳饒舌歌手的桂冠。很多人（包括我在內）聽過他的名字，但不覺得他是饒舌界第一人。小韋恩把他自己，還有他的才能倒貨給全世界。大家無論喜歡他還是討厭他，都基於同一個原因：他無所不在。

你的實力終於達到了你想要的程度，接下來就要發揮在正確的地方。要積極行動，廣為宣傳你的名字（還有作品）。不要讓別人忽視你跟你的本事。

真的不夠格，就要盡量多練習！

如果你是新手，對工作還不熟悉，或者是完全不在行怎麼辦？你該怎麼辦？這時的你就該多多練習。

我籃球打得很爛的那陣子，也就是高中三年的時光，我只要一有空，就會到附近的運動場，自己一個人練習。我並沒有特定的練球策略，也沒有榜樣可以學習，畢竟 YouTube 還要很久以後才會誕生。但我覺得想要提升球技，唯一有效的辦法就是盡量多練習。

果然有效。製作人肯伊・威斯特當初想打入音樂產業，說他要連續三年，每天製作五首新歌。到了二〇〇一年，Jay-Z的經典專輯《藍圖》收錄的全都是肯伊的作品。

盡量找機會多練習、多表現，不僅能學習，也能累積寶貴的經驗。這就是入場的代價，要練就一身本事，還要有人認可你的本事。

過度曝光、累垮、「太超過」，全都是迷思

我跟別人說這個量多才有品質的原則，有些人並不認同。很多人問我，**萬一曝光過度或是累垮怎麼辦？**

這些人擔心做得太多，會耗盡自己的價值或能力。我不想否定這種想法，但我想請問你，你認識幾個人是因為做太多，做太過頭，銷售得太多，撥太多通電話，或是太努力追求成功，最後失敗收場的？你認識幾個這樣的人？

我聽過累垮的案例，是大型企業的執行長，還有娛樂界的超級巨星，忙著全世界到處跑，不曾停歇。會因為累壞而住院，或是不得不休息，通常都是**辛苦了很久，也做出成績**，收穫了量多的好處，才會把自己累壞。你能提出一個你認識的累壞的人，我就能提出成千上萬的人物與品牌，是因為非常活躍，非常積極「曝光」，擁有很高的知名度，是眾人心目中的第一名，

才能有今天的成功。

那些拿過度曝光當藉口，不肯行動的人，實際的作為根本連「過度曝光」的邊都沾不上。一個從來沒上過健身房的人，需要擔心自己肌肉太多嗎？都快要餓死了，還會擔心吃太多嗎？破產了還會擔心擁有太多錢嗎？

你需要一個新的心態：先達到目標，再解決問題。不要浪費時間想像往後會遇到的困難，因為挑戰無可避免。反正我們早晚都要離開這個世界，你是寧願把手中的資源發揮到極致，就算累壞也在所不惜，還是要任憑資源閒置朽壞，永遠不知道自己錯過了什麼？

你做了這麼多，也需要別人知道你，知道你在做的事情。別人不見得會走向你，所以你必須想辦法走向他們。這就是我在下一章要討論的主題。

第八章

推銷你自己

積極進取並不是只有付出更多努力、建立人脈，還有堅持到底而已，這些都是我在第七章提出的建議。積極進取也包括**主動接觸**那些你認為能幫你達成目標的人。在這一章，我會告訴你，我在職業生涯是如何做到這一點，也會給你一些建議，讓**你**也能接觸到能幫助你的人，實現**你**的目標。

要不停聯繫別人，爭取下一份合約、演出、工作

在職業籃球界，球員加入球隊要簽約。等到合約結束，無論球隊基於種種原因決定將你釋出，還是合約到期，總之你就恢復自由球員的身分，要再找球隊加入。

在二〇〇七年九月以前，我已經履行了三份合約，分別是立陶宛、墨西哥，以及美國的巡迴表演球隊。但我當時還沒有跟下一個球隊簽約，也沒有經紀人，因為我的第一位經紀人已經

離開籃球界，所以我決定聘請我認識的最佳經紀人：我自己。

我決定寄電子郵件給世界各地的每一個職業球隊。但凡我知道的球隊，我都要聯繫，直到我找到新的職業籃球隊為止。我還把我在 MySpace 的名稱改為「等到簽約再改名」。於是我開始行動。

接下來的四個月，我寄出數千封電子郵件，給數百個球隊，得到的反應相當冷淡。你也許很納悶，我怎麼有辦法寄**幾千封**電子郵件給幾百個球隊。其實很簡單，我一而再、再而三寄電子郵件給相同的球隊，每次變換新的主旨與內容。以下是我寄出的幾封電子郵件＊：

＊**籃球員請注意：**要知道這是我在二〇〇七年採用的策略，現在（已經過了十幾年）我覺得要在職業籃球這樣的競技領域推銷自己，最好不要拿這些電子郵件當範本。因為這些年來，已經有太多人照做。如果你想知道現在的我會如何開啟職業生涯，可以到 Google 搜尋我的網路文章〈十個步驟的計畫：如果我現在起步，要怎樣才能在國外打籃球〉。

寄件者：卓瑞．鮑德溫
收件者：蒙特內哥羅球隊管理階層
寄件日期：二〇〇七年十二月四日上午五點二十分五十六秒
主旨：有爆發力的得分後衛——卓瑞．鮑德溫

哈囉，我想加入你們的球隊！我現在狀態很好，隨時可以上場，希望能在這個賽季剩餘的時間為你們效力。如果雙方對合作的結果都滿意，往後也許能繼續合作。我能貢獻我的得分能力、體能、籃板能力，還有鬥志。如果有必要，我也願意先簽訂試用合約。將我納入球隊陣容，你們一定會非常滿意。感謝你們的回應！

球探報告：（連結）
短片：（影片連結）
另有比賽影片可供索取

寄件者：卓瑞．鮑德溫
收件者：（多位籃球經紀人）
寄件日期：二〇〇六年八月十八日下午八點四分
主旨：卓瑞．鮑德溫——徵求經紀人

哈囉！我叫卓瑞．鮑德溫，目前在尋求職籃新賽季的合約。我在Eurobasket.com找到貴公司的登記資料，得知貴公司很擅長替球員找到球隊。我在二〇〇五年為立陶宛的球隊效力，也曾加入巡迴表演籃球隊（哈林大使隊）以及墨西哥的職業籃球隊。隨信附上我的籃球履歷，以及我參加Infosport選秀營的球探報告。如有需要，我也可提供影片給您參考。如果需要聯絡，可以寫信到這個電子郵件信箱，或撥打我家的電話（二一五）××××××××。感謝您撥冗看完這封信！

寄件者：卓瑞．鮑德溫
收件者：德國某俱樂部總經理
寄件日期：二〇〇八年四月二十日下午兩點四十七分
主旨：卓瑞．鮑德溫

馬克斯，你好嗎？上個賽季怎麼樣？我想寄給你比賽影片的DVD，麻煩告訴我你的地址。你們什麼時候會開始新賽季的集訓？我能不能跟你們一起？謝謝！

十二月初，我收到蒙特內哥羅一支球隊的回應。他們喜歡我的球技（我在電子郵件附上了比賽的影片），希望和我簽約，參與賽季其餘的比賽。不過他們想先驗證我的本事，確定我沒有誇大吹牛，再跟我簽訂合約。

這一支蒙特內哥羅球隊的總經理，剛好有兩位美國朋友。這兩位美國朋友是一對夫妻，住在佛羅里達州，距離我家只有二十五分鐘。這對夫妻剛好每年夏天都在蒙特內哥羅度過，所以才會認識這支球隊的人員。於是球隊安排我跟美國夫妻見面。

一個星期之後，我簽了合約，住進蒙特內哥羅新海爾采格市的公寓。

你從我廣發電子郵件的舉動，就可以發現我是拚了命尋找新東家。但很難想像天底下竟有這麼巧的事。這對美國夫婦**剛好**每年夏天都會造訪蒙特內哥羅，**剛好**認識球隊的總經理，又**剛好**跟我一樣住在美國的**同一個**地方？

這是幸運？是湊巧？也許是。但什麼叫幸運？幸運是**準備遇上機會**的那一刻。我花在籃球場上的時間，為我做好**準備**。我創造了**機會**。**然後**我才碰上好運氣。

幸運的另一個定義，是積極進取的能量，製造出有利的條件。你大概也有類似的經驗，因為你相信，所以還會再有這樣的機遇。

蒙特內哥羅是我第一個完全靠自己創造的工作機會，不靠經紀人，也不靠人脈。我本來就覺得理論上應該可行，但蒙特內哥羅的經驗證明了，我使出的兩招還真的有效：一招是業餘剪輯的影片，另一招是不肯退縮的堅持。我在二〇〇七年重返職業籃球，是我自我外銷的結果。我不能虛耗時間等待電話響起，等待郵件降臨。我決定要多方接觸，**直到**有進展為止。

接下來要告訴你如何運用外銷的心態，為自己創造幸運的機會：

每天聯絡一位能幫你達成目標的人

二〇一一年，我在克羅埃西亞認識塔瑪拉。她是塞爾維亞人，在美國打過大學籃球校隊。我知道很多在國外出生的球員，都很想到美國打全美大學體育協會的聯賽，所以就請教她是如何打進美國大學的籃球校隊。

她說：「我把我的影片寄給美國東岸的每一位大學校隊教練。」她不停寄出影片，直到一位教練對她有興趣，也有資源可以吸收她，比方說球隊正好有空缺。塔瑪拉的職業籃球生涯從此扶搖直上，是一流的球員，也成為傑出的教練。

要運用自我外銷策略，首先得知道你的目標：必須決定你想要什麼？需要做什麼？需要扮演怎樣的角色？接下來每天至少聯絡一位能幫助你達成這三個目標的人。你現在的優勢（相較於以前的我），有很多種管道可以接觸別人。任何人除非刻意隱藏自己，否則都能輕易在網路上找到。舉凡面對面的偶遇、電話、推特、評論、發送訊息、電子郵件、InMail、Snapchat 的快照，還有其他可用的工具，都能幫助你接觸別人。

接觸別人的時候要說些什麼？千萬要誠實！要開門見山說重點：你是誰、目前在做什麼、你想要什麼。如果你想拿出什麼作為交換條件，記得要說清楚，絕對會有幫助。內容要簡短，不重要的資訊一律別提。別人要是想知道更多，自然會開口問。

宣傳你的東西！

無論你想做什麼，在某些時候都需要與別人合作，會需要員工替你做事，需要合夥人投資你，需要顧客購買你的產品，需要聽眾聽你說話。你跟他們接觸，一定要讓他們看見你的成果！

有些人害怕自我宣傳，不喜歡騷擾別人（騷擾只是一種比喻），不喜歡覺得自己在「推銷」。很多人寧願等待機會**找上門來**，而不是自己主動爭取機會。

唉，我也是啊！可是這樣好運氣是不會來的。

我一開始寄出電子郵件，就希望世界上的每一支球隊給我這兩種回應的其中一種：

一、回覆我，跟我說話，或是

二、將所有來自Dre@DreAllDay.com的信件標示為垃圾信

我不接受置之不理的態度。

你要是不喜歡宣傳自己、推銷自己、吸引別人的注意，那你應該也不喜歡吃東西、養活你的家人、過你想過的生活。人生的一切都是銷售。如果你有這個問題，就代表你向自己推銷「你不是行銷人員」的觀念，而且還推銷成功！這就代表你**有能力**推銷，只是需要一個新產品。

對每個機會說「好」，直到你的電話被打爆為止

很多人是以「不要」的態度面對人生，只想保護自己擁有的，以懷疑的眼光看待一切陌生的新事物。這些人彷彿存心想一輩子原地踏步，永遠不往前邁進。到了某一天才赫然驚覺自己的人生怎會如此無聊，怎麼會整整十七年完全沒進步。

看看你現在的生活。如果你想要更多，想要成為更多，想要做更多，就要擴大自己的圈子。從改變你的想法開始。

看你的本事

勇於接受新的體驗，對每個機會說「好」，直到你忙不過來，行程滿滿，不得不說「不」為止！

如果你是運動員，要對每一場停賽季的比賽，還有每一個聯賽說「好」，直到你一週七天天天要上場為止；如果你是講者，或是希望成為一位講者，就要接受每一個上臺的機會，直到行程滿檔為止；如果你是作者、部落格主，或是記者，就要每天寫作，直到你能銷售商品，或是有人花錢請你寫文章為止。

積極進取的人即使不太知道該怎麼做，遇到機會也從不拒絕。

如果你常常對機會說「好」，那你最好對你做的事情很在行，利用機會提升自己。

但是有些人不知道要如何提升自己，對於這個問題，我也有解答。

如何隨時提升自己在任何一方面的能力

隨便問一個人，想不想提升自己的能力，無論是工作能力，還是業餘的喜好，大多數的人都會說「想」。但很多人並不知道要如何提升自己的能力。很多人不斷進步，一旦登上高峰就過於自滿，或是因為缺乏資訊而停滯不前，不然就是完全不再提升自己。

只要依照接下來的步驟，即使覺得陷入瓶頸，也能持續成長。

步驟一：了解自己真實的處境

假如你打電話給達美航空，預訂下一班飛往西雅圖的班機，對方的第一個問題，就是你要從哪裡出發。如果你明明在芝加哥，卻偏要說在達拉斯，那你永遠到不了西雅圖（至少不會乘坐達美航空由達拉斯飛往西雅圖的航班）。你要是不知道你的起點，就不可能到達你的目的地。

我跟運動員相處，發覺他們常有這個問題。運動員受到的訓練，就是要有自信，對自己的技能很有信心。所以很多運動員很難給自己客觀的評價。我們每一個人如果沒有外界的意見，就很難客觀評估自己，也是基於這個原因。結果就是一個球員被大學籃球校隊開除，卻自稱是體育館「有史以來」最傑出的球員。

所謂自信，是完全相信你自己的能力，也是誠實面對自己，了解自己的不足。要相信自己，誠實面對你現在的處境。

步驟二：問你自己，理想的狀態是什麼？

知道你自己的真實處境之後，就要仔細評估你需要走多遠。我給自己制定目標，都會評估我的人生的每一個面向。我會把過去一個禮拜的每一天回想一遍，想像著人生各面向的最理想狀態，盡量想像得詳細一點，也會問自己以下的問題：

- 我要什麼？
- 我希望達到怎樣的境界？
- 我想成為怎樣的人？
- 我該怎麼達到目的？
- 我想要擁有多少錢？
- 我每一場比賽想拿下多少分數？
- 我希望能升上哪個職位？
- 我希望我的事業能有多少收益？
- 我希望能擁有怎樣的男朋友、女朋友、車子、房子、孩子、家庭？

看你的本事

進入夢想模式，寫下你的理想狀態看起來、感覺起來、聽起來的模樣。不要忽略任何細節。

步驟三：找出你現在所能踏出的最重要一步

我念完大學，打算進入職業籃球，當時我想採取的第一步，是與經紀人簽約。很多我不會做的事情，經紀人都能幫我做，例如接觸職業球隊，讓球隊對我感興趣，合約談判，以及在我離開目前的球隊之前，就替我找到下一個東家。

唯一的問題是，沒有人願意當我的經紀人。於是我開始研究箇中原因。最主要的原因，似乎是我並沒有職業等級的成績。但我還是想要一個經紀人，所以我把第一步改成累積經紀人會看重的資歷。我必須證明我有能力戰勝職業籃球員。我參加了第一個選秀營之後，就有了這份資歷，不久之後就與第一位經紀人簽約。

人生充滿無限的可能。例如你可以想像你現在如果不是在看這本書，會是在做哪些事情？如果不是身處你目前所在的地方，那會是在哪裡？如果不是做現在的工作，那又會做什麼？我們的想像擁有這麼多可能性，因此注意力會愈來愈不持久，也愈來愈不專注。

要解決可能性的過度氾濫，問問你自己幾個很關鍵的問題：

- 我現在能踏出的最重要一步是什麼？
- 我能找的第一個人是誰？
- 我寫的書的第一章內容是什麼？
- 我能創造的第一個產品是什麼？
- 我能成為哪一個健身房的會員？

回答完每一個問題，就要照做。想提升自己，就要按照這些步驟，絕對不會失敗。

A計畫vs.其他的一切

「吹牛老爹」尚恩．庫姆斯在一九九三年成立了壞小子唱片公司之後，這家公司立刻衝上業界第一。吹牛老爹監製旗下幾位藝人的專輯，最著名的是聲名狼藉先生的首張專輯《準備投胎》。這張專輯讓聲名狼藉先生一舉躍居嘻哈界人氣最強的饒舌歌手，壞小子也成為嘻哈界第一品牌。

可惜好景不常，聲名狼藉先生不幸於一九九七年遭槍殺身亡，整個嘻哈音樂界、尤其是壞小子大為震驚。壞小子少了頭號巨星，好日子眼看就要結束。

當時的吹牛老爹已經是音樂產業的老將，但他從來沒有拿起麥克風，自己當歌手。聲名狼藉先生過世之後，吹牛老爹有兩種選擇：

- 選擇一：結束壞小子，撤出音樂產業。
- 選擇二：把他剩下的籌碼全數梭哈，押在他自己身上，斬斷退路。

吹牛老爹選了第二條路，真的把剩下的籌碼全押在自己身上。他在一九九七年七月發行的《窮途末路》專輯，高居告示牌排行榜的第一名，銷售超過七百萬張，也開啟了嘻哈界的新時代。從此吹牛老爹一黨不只稱霸饒舌音樂，而是主宰整個流行音樂界。

只有魯蛇才需要B計畫。真的是這樣，只要想一想就知道了：什麼時候要啟動B計畫？就是失敗或者放棄A計畫的時候。那把A計畫設計得萬無一失，豈不是更好？

你是因為不夠相信A計畫，所以才需要B計畫。你要是把所有籌碼都押在A計畫上面，就會不惜一切代價達成A計畫，還會動用本來打算用在B計畫的資源。

但這必須具備三個條件：

一、你的A計畫應該要以你自己，還有你的行動為主。

二、你必須夠重視A計畫，願意捱過痛苦艱難的階段，遇到大多數人只能屈服的重大挫折（足以讓大多數人放棄的難關），也要堅持下去。

三、你必須能夠拋棄、忽視，遠離那些堅持要有B計畫，萬一A計畫失敗才能夠應變的人。沒有「萬一」這回事。A計畫就是唯一的劇本。

這**聽起來**很不錯，但誰都無法預見未來。事態的發展可能會偏離最初的計畫。而且我現在就可以告訴你，事情**一定會**偏離你的計畫。但這跟你下定決心要達成目標無關。準備好B計畫、C計畫、D計畫，難道會有壞處？是，確實有壞處。無論是在生理上還是心理上，準備一個B計畫、C計畫、D計畫，就等於告訴你的潛意識，你並不是完全相信A計畫會成功。有這種想法，就必然會失敗。

可是不對啊，也許真的是這樣，你**就是**對A計畫沒把握。如果你這麼想，那就把討論自信與心理堅強的那幾章重看一遍。

如果你堅持，那我就送給你正確的B、C、D、E、F計畫。

B計畫：新構想

想出十個能讓A計畫成功的新構想。還有哪個構想是你沒試過的？**提示：**如果你還沒達成目標，就表示你**一定有**還沒嘗試過的辦法。一再問你自己這個問題，直到想出可行的辦法為止。

在我廣發電子郵件，幸運找到蒙特內哥羅新海爾采格市的機會之前，我也有過幾個構想：

- 飛往外國，向各球隊徵詢能否有試訓一個禮拜的機會。
- 參加更多選秀營。
- 跟經紀人聯絡，而不是直接跟球隊聯絡。

就算跟球隊聯絡的構想無效，以上三個構想的其中一個也會有效，反正我不達目的絕不罷休。

C計畫：我需要成為怎樣的人？

你在做**什麼**沒那麼重要，真正重要的是你在做這件事情的**身分**。你需要成為怎樣的人，才能實現A計畫？

還有一個問題：現在的你**是不是**這種人？

我剛開始以演說為職業，應該說我**努力**成為講者的時候，我覺得應該把我的運動員背景拋在一邊。畢竟我演說的對象是商務人士，不是運動員。哪有商務人士會想聽我的籃球生涯？我的籃球生涯跟他們遇到的困難有什麼關連？結果出乎我的意料。我把運動員的經驗套用在商業界上，演說生涯反而開始變得順利。

D計畫：誰能幫我？

人際關係是很寶貴的資源。思考一下你認識、還有你不認識的人。問你自己：

- 誰達成過我想達成的目標？
- 誰現在擁有我想擁有的地位？
- 誰能幫我踏出下一步？
- 誰能評估我的現況，告訴我下一步該怎麼做？
- 誰比我聰明得多，能看見我絕對注意不到的東西？

E計畫：評估你自己

- 我對這件事情付出的努力夠不夠？要坦白回答。
- 我是不是始終全力以赴？
- 我進入積極模式的時間夠不夠久？能不能開始期待成果？

這些問題，尤其是最後一個問題，是我在二〇〇七年廣發電子郵件的關鍵，也是我一天在

YouTube 發表一支影片，還有我積極把握機會上臺演說的原因。

你付出的努力是不是與你的目標相稱？你做任何事情（即使是錯誤的事情）只要付出更多的努力，就會得到某種結果。如果你無論往哪個方向前進，都得不到結果，就表示你需要付出更多努力。

F計畫：不要理會那些不認同你的計畫的人

只有一個A計畫會有一個問題，就是你身邊的人。有些人會對你說，只有一個計畫是很危險、很不智的。此時的你不但不該猶豫不決，反而應該加倍努力。那些叫你放棄的人，自己也曾有放棄的經驗。不要聽那些放棄自己目標的人的意見。他們只知道放棄，所以只知道叫你放棄。也要避開那些放棄自己的A計畫，還說你的A計畫也不會成功的人。

要像保護你的智慧型手機、皮夾、家園一樣，保護你的大腦，不要讓那些說你的A計畫會失敗的人侵入腦中。如果你是個寬宏大量的人，也可以在證明他們錯誤之後，繼續和他們融洽相處。

推銷自己並不容易。如果你希望別人認識你，你就要主動走向別人，展露你的本事。要下定決心不斷提升自己，用盡每一種選擇，不到萬不得已，不要放棄爭取對你來說很重要的東西。因為會有無數的人擠破了頭，想奪去你的位置。

第九章
你的人際關係能力

想提升自己，最好的方法就是提升你的心理實力。但你終究還是要走出家門，跟別人互動。所謂的別人，包括你必須領導、或是跟隨的人；你想要推銷商品的對象；你希望討好的對象；還沒看過這本書的負面人士；你想激勵的那些一事無成的懶人；需要你幫助的人；還有那些不想要勝利，也不明白你為何會如此重視勝利的魯蛇。

在這一章，你會學到如何運用「投入賽局」的心態，也就是你看這本書到現在所培養的心態，與別人相處。

管理你的職業生涯的政治，能增進你的人際關係

你的工作環境也許很政治，每個人都在爭奪權力，想要接近重要的人，避開危險的人。你努力工作，提升自己的形象，也時時提防那些為了自身利益，不惜與你反目成仇的朋友。更不

用說你有多少次被政治傷害。也許你錯過了一次升遷，或是無故被責怪，或是莫名其妙接收別人的負能量。

整個環境充滿了壓力，很累人。

政治一詞在這裡的意思是提升並保護自己的利益。主流意見（我們每一個人都有）對我們不利，我們往往會怪罪到「政治」頭上；同樣的，主流意見要是對我們有利，就變成我們口中的「有人脈」或是「關係好」。其實這是一體的兩面，這個一體叫做關係。認識重要的人，建立重要的關係並不是運氣，而是一種技能。

俗話說的好，把三個人放在一個地方，就會有政治。政治是人類生活的一部分。你應該學會把政治導向對你有利，而不是不利的方向。

如果政治對你不利，那是你自己的問題。仔細檢視你自己，問你自己這些問題：

- 我為什麼沒有更多朋友？
- 我為什麼沒有結交更多盟友？
- 我為什麼沒有和敵人和解？

你要把那些認識你、喜歡你、信任你的人放在正確的位置。如果你希望在任何一個行業、團體或是組織擁有影響力，就必須做到這一點。你需要房地產仲介或是律師，第一步該怎麼做？是先上網搜尋，還是請親朋好友跟鄰居介紹？你大概比較喜歡由別人介紹，因為別人信賴的對象比較可靠。而且你猜怎麼樣？其他人也這麼想。

也許你不喜歡交際，不喜歡廣結人脈，寧願純粹做你的工作，覺得只要工作能力夠傑出，人脈並不重要。呃，總有人得花錢請你工作，要是沒人認識你，就不會有人花錢請你工作。所以你最好結交一個很喜歡認識別人的朋友、合夥人、主管或是經紀人。

看你的本事

走出舒適圈，結交新朋友，否則就會不斷被大材小用。

有些網站和應用程式的唯一功能，就是幫助你認識新朋友（**不是**每一個都跟約會有關）。學會開啟並維持一段對話，把話題集中在別人想聊的事情。我們都喜歡講自己的事情，也會喜歡能讓我們這樣做的人。

別人不信任你，不知道該對你有怎樣的期待，那是你的問題。信任來自紀律。你展現出紀律，**也就是長期表現良好，很少有變化**，別人就會信任你。拿紅綠燈當作例子。我們知道紅綠燈運作的規則。紅綠燈一旦故障，交通就會大亂。我們會依賴，也會重視能信任、能預測的對象。所以你也要做一個別人能信任、能預測的人。

運用你在第二章學到的訣竅，維持穩定的工作表現。找出你的長處，持續發揮出來。我跟你說過，我是如何創造我的品牌：大家喜歡看我每天上傳的籃球訓練影片，所以我就每天發表新的訓練影片。久而久之大家開始信任我一貫的表現，我也就建立了名聲。

改善你的人際能力

我想提出兩種最重要的人際能力：談話與關懷。

想要培養談話能力，你需要兩個工具。一個是提出問題的能力。不是隨便提問，而是要問能引導別人侃侃而談的開放式問題；另一個是延續談話的能力。延續談話最簡單的方式，是專心傾聽別人說話，而不是只想著自己接下來要說什麼。傾聽不只是聽見對方說的話，也包括聽見對方沒說的，察覺對方的言語所蘊含的力量，同理對方的感受。所謂同理心，就是能體會別人的感受。

要記得大多數的溝通並非以語言進行。仔細注意別人在言語之外的一切。非語言的線索能傳達感覺。盡量同理他人的感受，就能建立融洽的關係，也會在不知不覺間培養信任。

結交一群盟友。朋友不是只用來在社群媒體衝人氣。朋友能幫你做你自己無法做的事情。即使你能自己做這些事，也難免會分身乏術。你一次只能出現在一個地方，一次只能專心做一件事。有朋友幫你做事，你就能節省時間、精力、金錢等資源。朋友能**創造**這些資源。

這並不是叫你**利用**別人。你愈有能力幫助別人，在別人眼裡就愈有價值。運用你的技能，與你眼中的成功人士建立策略聯盟。如果你很難接觸到你想認識的人，就先跟這個人的朋友交往，也許會有用。這一招不見得絕對有效，但總比什麼都不做來得好。要繼續培養你的實力，結交跟你一樣在強化自己的朋友。

看你的本事

你多久會結交一次新朋友？跟舊朋友多久聯繫一次？

但無論你多麼友善體貼，總會遇到一些負面的人，這種人會想盡辦法惡意貶低你。你該如何面對這種負面的態度，又該如何面對善意或惡意的批評？

克服自我批評，學會面對他人的批評

我認識很多不想推銷自家產品的企業家。這種想法簡直荒唐，因為推銷商品就是經營企業的精髓。但確實是這樣，很多企業家很不願意推銷，推銷能力也差到不行。你可以想像他們的企業會受到多大的影響。以下是我最常聽到的藉口。

- 「我需要懂得更多才能開始賣東西。」
- 「我不想強迫推銷，不想把我的產品與服務硬推給別人。」
- 「我希望別人來找我，而不是我去找別人。」
- 「我沒有足夠資歷（大學學位、證照或其他文件）推銷自己。」
- 「我不知道會不會有人感興趣。」
- 「我不想打擾在上班、在家裡、在休假，或是還在呼吸的活人。」

《雞窩頭下的金頭腦》的作者詹姆士．阿特切用一個很巧妙的方式，分析這些藉口。他說，每一個藉口都是一個**好**理由，但背後還有一個**真正的**理由。

對某些人來說，這些都是很好的理由。但這些藉口沒有一個是真正的理由。也許你**真的**不熟悉某個主題，**不想**強迫推銷，資歷也**不怎麼樣**。很多人也有同樣的侷限，卻依然勇往直前，做自己想做的事。

這些藉口背後真正的原因，是害怕遭受批評。但也並非那麼簡單，與其說你害怕被別人批評，不如說你是害怕被自己批評。

《心靈雞湯》系列的作者傑克．坎菲爾把外界的批評比喻成魔鬼氈。一個人的批評之所以能附著在你身上，是因為你心裡本來就有類似的想法，形成了魔鬼氈的另外一面。

曾經有一位籃球員告訴我，我投籃的姿勢「看起來很怪」，還告訴我要怎麼改進。我並不在意我投籃的姿勢**好不好看**，我在意的是球進了沒有，還有進球的頻率。在另一方面，要是有人叫我把亂七八糟的頭髮梳好，我完全不會在意。你看我在這本書前折口的照片，就會知道原因。

對於批評，我們只有在或多或少認同這個批評的時候，才會在意。那些不擅長推銷的企業家所擔心的，並不是外界的批評，而是他們對自己固有的看法。所謂外界的批評，其實是代罪羔羊。有這麼一塊遮羞布，就不必承認他們其實是害怕自己，因為這聽起來實在太蠢。

我常常聽見有人以負面的方式批評自己。這種批評並不健康，也不能提升自我。有些人說這叫做「做自己最大的批評者」。但你看到的只是這些人把每天的自言自語說出來。下面是幾個例子：

- 「照片上的我看起來真醜。」
- 「影片或是錄音裡的我感覺真蠢。」
- 「我寫的東西真是沒有重點。」
- 「沒人會買我的東西，看看現在都沒人買就知道了。」

- 「我每次都＿＿＿＿＿＿＿＿＿（某個壞習慣），我愈說還愈嚴重。」
- ＿＿＿＿＿＿＿＿＿＿＿＿（寫下你最常拿來批評自己的話）。

你可曾考慮過自我催眠？你的自我對話就是一種自我催眠。我寫我的另一本書《心理手冊》的目的，就是要教你控制這種自我催眠。

也許你覺得前述的行為沒有問題，是要求自己負責的表現；也許你會說，你都是這樣鞭策自己。聽我說，找出需要改進的地方並沒有錯；對自己目前的成績感到不滿意，也沒有錯。追求完美是件好事，只要你真心想追求就好。但是我現在討論的這種自我批評，對你追求目標不但無益，反而有害。這種自我批評會折損你的自信，拖慢你的生產，扼殺你的進取心，最終導致你的成就偏低。

也許你批評自己，真正的意圖是想鞭策自己拿出最好的表現。我說，去他的意圖。你的意圖製造了什麼結果？想像一下，有個陌生人一拳在你臉上打出一個黑眼圈，卻辯稱他是好意，想打掉停在你臉上的昆蟲，這話你聽了能接受嗎？

意圖跟結果，哪個比較重要？

你所做的一切都會製造出結果，哪怕這個結果是原地踏步。你的行為、言語與思考的**結果**才重要，意圖並不重要。批評每天都在摧毀潛力。致命的批評並不是來自教練、主管或是酸民。除非你自己願意，否則這些人無法影響你。對你傷害最大的，是你沒完沒了的自我批評。

拿破崙．希爾在《思考致富》提出，人類有許多恐懼，第一就是對貧窮的恐懼。他是在經濟大蕭條期間寫下《思考致富》這本書，所以會這麼想並不奇怪。希爾的恐懼排行榜第二名是對批評的恐懼。有些人自己**想像**別人會怎麼想，怎麼說，所以最後停滯不前。其實真正害自己原地踏步的，就是自己對自己的批評。

允許自己不完美

很少人喜歡失敗、不足、沒能達成目標的感覺。我們會自我批評，避免採取會招致失敗的行動。

想想你最了不起的成就。你大概不是第一次就把事情全都做對，甚至到現在還稱不上完美。但終究還是做到了。怎麼做到的？你解放了自己，不會不切實際去追求完美，而是接受必然會降臨的失敗。

很多知名的成功企業家，都是屢屢失敗之後，才終於名利雙收。麥可喬丹就拍過一支電視廣告，細數他的球隊有多少次是因為他投籃沒進而輸掉比賽。

沒有一個人是完美的。批評自己不完美，是輸家才有的惡習，因為你不可能完美。是，你是應該投入賽局，全力以赴，追求勝利。但也要了解事態的發展不見得會如你所願，這也是人生的一部分。

但即使你不完美，也不能輕言放棄。一個人所說的最不堪的一句話，就是「我本來可以」。

這是兩種選擇：一種是後悔沒做本來能做的事；另一種是嘗試、學習，再度嘗試的經驗。想在下一次嘗試使出全副本事，你需要保持最巔峰的狀態。不要再拿沒有根據的想法批評自己。允許自己不完美，不必非要成為**最好**，而是要不斷學習，拿出**你的**最好。

我們批評自己，往往不是就事論事而已，還會把每一個缺失放大到極限，把事情弄得更糟。一個人搞砸，就說**我每次都這樣**。很多籃球員是帶著同一個問題來找我：他打了一場很爛的比賽，連續投籃不中，現在覺得自己是個三流射手，需要重新培養一套球技。（我們生活在這個時代，因為社群媒體的關係，每個人都想美化自己的實力，所以問題更棘手。）如果負面思考這麼容易，那正面思考應該也不難！盡量在你身邊安排能強化正向鼓勵的機制，包括照片、獎品、感謝信，或是快樂時光的紀念品等等。運用正向鼓勵與強化機制，你的日常生活就會有所不同。

把你自己當成標準：跟你自己競爭

要跟你的潛力競爭，而不是跟你憑空想像出來的「應該」競爭（第四章關於「穿過骨頭」那一節討論過）。你唯一的競爭對手，是昨日的你。這真的是陳腔濫調。我們把它改寫成「投入賽局」的原則：你唯一的競爭對手，是將**潛能發揮到極限的你**。

你跟「應該」競爭，是贏不了的。無論你的成就有多少，總會有個難以掌握的「應該」等你追逐。「應該」好像意味著你比預定的計畫落後，沒有達到應有的水準，是個自我批評的完美藉口。

不要一直讓「應該」拿胡蘿蔔與棍棒伺候你，要問你自己以下的問題：

- 有哪些事情是我有能力做，卻沒有做的？
- 我能馬上採取什麼行動，縮小這個差距？

這就是你跟自己競爭時要隨時問自己的問題。

管理外界的批評：批評你的人只是自言自語

別人批評你，是把他們內心對你的感受投射到你身上；某些人照鏡子會覺得不自在，不喜歡鏡中的自己，於是想辦法把批評發洩在自己身上。所以只要有人在的地方，就會有批評。我們對別人的缺陷很敏感，對自己的缺陷卻渾然不覺。而且我挑剔你，不是挑剔我自己，我也不需要對你的問題、你的成績、你的成果負責。

那萬一別人不是批評你，而是擋你的路怎麼辦？如果你覺得被仇視，被歧視，無法成為拿到好機會的「寵兒」，該怎麼辦？面對這種情況的最佳策略是什麼？

要記住：真正的賣座專輯是無法被消滅的

二〇〇〇年代末，有一位饒舌歌手公開抱怨DJ卡利很少播放他的音樂。他批評DJ卡利有私心，只顧著討好自己在業界的朋友，而不是播放最好的音樂。DJ卡利的回應，正是我在第二章所形容的過火心態。

你要我播你的音樂，就要做出更好的音樂。賣座專輯是不會被消滅的。總裁、DJ以及私心都不能消滅賣座專輯。

DJ卡利說，大家要的是好音樂。音樂人做出好音樂，就不怕沒人賞識。賣座專輯、傑出的員工、明星企業家，頂尖運動員終究會發光發熱。別人是掩蓋不了多久的，光芒很快就會顯露。你面對酸民、私心、唱衰的人，以及自我批評時，都要牢記這一點。

只要你真正有才華，遲早會遇見機會。我從二〇〇四年大學畢業，一直到二〇〇五年的夏天，一心只希望能有機會打職業籃球。我不知道該怎麼爭取，只是很希望有機會。那些問過我未來打算的人，都知道我想打職業籃球。我唯一擁有的資源，是我的信心，相信很快就會有機會，無論是怎樣的機會。

後來真的有機會降臨。我開始寫下我的經驗，在網路上發表。很快就發現有不少球員與我有同樣的經歷。他們在尋找進入職業籃球的門路，卻不知道該從哪裡開始。於是我成為他們的資源。

運用你手邊所有的資源，提升你的技能。保持積極，累積經驗。要學習、試驗，還要分析。然後再與他人分享價值，直到你成為那個領域的人所請益，所追求的人、地方或東西。這樣的你將成為提供機會，而不只是尋求機會的人。

你有好產品，大家就會選擇你

二〇一〇年，凱文．斯特羅姆推出了一款叫做 Burbn 的應用程式＊。Burbn 上市一陣子之後，凱文知道這個產品還不成氣候。他跟一位合夥人一起改善這個應用程式，他們覺得 Burbn 功能太多，應該要專精一個功能就好，比較能吸引大家的注意。他們發現 Burbn 最受歡迎的功能是照片分享，就把 Burbn 簡化成只剩三個功能：照相、評論，以及按讚。他們把「立即」（instant）與「電報」（telegram）兩個字結合起來，將應用程式重新命名為 Instagram。

兩位創辦人在二〇一〇年十月六日推出 Instagram，知道新的應用程式要等上一段時間，才能在全球各地的 App Store 銷售。他們辛苦了幾個禮拜，很期待能睡上一夜好覺。沒想到不到幾個小時，Instagram 已經擁有一萬名使用者；推出還不到一個星期，使用者人數已經達到十萬；

＊How Instagram Grew From Foursquare Knock-Off to $1 Billion Photo Empire," Eric Moskowitz, Inc. magazine, https://www.inc.com/eric-markowitz/life-and-times-of-instagram-the-complete-original-story.html.

接下來的一個禮拜又多出十萬；到了二〇一〇年十二月中旬，Instagram 帳號數量已經突破一百萬。Instagram 並沒有鋪天蓋地的廣告宣傳，也沒有請名人代言，是群眾認證它的人氣。

如果你真如自己所說的傑出，也說到做到，那什麼也阻擋不了你，無論是酸民、過往的經驗，還是私心，全都阻擋不了你前進的腳步。群眾會想要你，而且無論如何都會得到你。

看你的本事

你發覺自己停滯不前，或是沒能走紅，就仔細檢視你推出的產品，看看哪些地方需要改變。

看看你的產品、服務、工作風格、溝通品質，還有你這個人。如果日後做不出成績，就代表哪個地方有所缺失。

俗話說得好：「是金子一定會發光。」還有一句新的俗話叫做「好專輯一定有人播」。等到你真的做出受歡迎的作品，就會開始有人關注。

不過，一如食物吸引螞蟻，別人關注你，也會用放大鏡檢視你。如果你受到惡意攻擊，該怎麼辦？

「尊粽我的名字」

饒舌歌手兼企業家布萊恩・威廉斯，也就是大家熟悉的「鳥人」，是傳奇的 Cash Money 唱片公司執行長。鳥人在二〇一六年的早餐俱樂部廣播節目出現的時間很短，卻讓人印象深刻。短短兩分鐘的對話立刻爆紅*。

訪問都還沒開始，鳥人已經讓三位主持人知道，他不接受，也不會容忍他們過往對於他這個人、還有他公司的批評。鳥人露面時間很短，卻留下一句很多人都忘不了的話：「他媽的對我的名字放尊粽點。」鳥人的南方腔調很濃厚，「尊重」聽起來像「尊粽」。

這次訪問衍生出許多笑話與爆紅的用語，尤其是針對鳥人的敏感，還有他講**尊重**的發音。但我看見了不太一樣的東西。我看見一個人願意捍衛自己的尊嚴，也願意公開這樣做。

你怎麼看這件事，甚至知不知道這些人都無所謂，重點在於鳥人的立場是心理素質的關鍵。你對於你的本事、你的成績，以及別人對於這兩者的言論，必須懷抱最高的尊重。如果有必要，也要勇於捍衛。也許你覺得成年人不應該因為別人的評價而生氣。棍棒與石頭能打斷骨頭，但言語傷害不了人，是嗎？

你說得對，言語**就只是**言語，但言語也可以不只是言語。如果你是你自己的粉絲，你就得

* https://www.youtube.com/watch?v=4jLT7GQYNhI.

訂出一條界線。這條界線就是你必須尊重你的名字，還有你的名字所代表的一切。

接下來要告訴你如何贏得並維繫這份尊重。

永遠不要讓成就不如你的人胡亂批評你

饒舌歌手 Jay-Z 幾年來是布魯克林籃網隊的老闆之一，也把他持有股份的事情寫進歌裡。有些好事的媒體就開始調查，他到底持有多少籃網隊的股份。

漸漸有消息傳開，說 Jay-Z 持有的籃網股份不到百分之一。有些報導說，確切的數字是百分之一的十五分之一那麼少。這個消息逐漸變成外界取笑 Jay-Z 持股稀少的材料。在我寫這本書的時候，根據《富比士》的報導，布魯克林籃網隊總值為十八億美元。百分之一就是一千八百萬美元。百分之一的十五分之一是一百二十萬美元。Jay-Z 在他的饒舌歌唱道，如果他真如報導所說，擁有籃網百分之一的股權，那也是大多數人一輩子不會看見的財富。但是那些人竟然取笑他，好像百分之一沒什麼了不起。

我們都喜歡跟別人比較，雖然這樣很容易傷到自己。我們想看看自己的成績跟別人相比是如何，至少是**我們以為**別人擁有的成績。別人看見**你的**成績超越他們，就面臨一個難題。一方面看來，跟別人比較能激勵自己更進步。但選擇這條路的人比較少，為什麼？因為進步需要付出時間與努力。很多人**嘴上說**要進步，潛意識卻不想花時間努力。

看見別人超越自己，還可以選擇另一條路，可以編一個故事把別人拉下來，至少可以在心中想像，把你跟他們的差距縮短。**你不是靠努力才有今天，只是運氣好而已。**編出來的故事不見得要符合實情。他們想著這個故事，晚上就能安心睡覺，心裡明白你之所以超越他們，只是因為擁有他們無法擁有的優勢。在他們的心中，你與他們已經沒有差距。

你的成就愈多，這種事情就愈多。只是你不見得每次都知道。這種心理作用多半只會藏在心裡，不過有些人還是會說出來。有人就公開批評 Jay-Z 的持股。面對別人的負面批評，如果你不想回應，也不必學鳥人回應。但要準備好心理盔甲，要知道是誰在批評你，又**為何**這樣做。你會發現他們不是針對你，而是在安慰自己。

你的成績與你的名聲是相關的

我有時會聽見別人這樣說他們的工作或是生意：「我做這個是謀生，並不是興趣。」這種心態很垃圾，要馬上丟棄才行。有人發明這個說法，是想把他們自己跟他們的成績區分開來，但這是不可能的，我來告訴你原因。

對大多數的人來說，人生畫分成三等分：三分之一睡覺，三分之一工作，三分之一做其他的事情（享樂、家庭、業外工作等等）。因此，我們醒著的大半時間都在工作。即使你並不熱愛你的工作或生意，你所投入的努力也反映了你的性格。別人形容你，往往會提到你的職業。無論你喜不喜歡，別人都會先從你的職業來認識你這個人。

我的意思並不是叫你一定要把工作跟你這個人綁在一起。我的意思是說，知道你職業的那些人，**已經**把你的職業跟你這個人綁在一起。我知道職業只能代表小小一部分的你。但我們是憑藉一個人的職業，憑藉我們看得見的東西來評價一個人。你可以拿你自己做實驗。畢竟你花很多時間在工作上面，所以你的工作也就是你這個人的一部分。

如果有人不尊重你的工作，就要先拿一個人開刀，其他人才不會再吭聲。俗話說得好，「打敗牧羊人，羊群就會一哄而散。」別人拿垃圾話損你，並不是要說給你聽，而是要說給想聽的人聽。說垃圾話的人想要影響你，想影響群眾，或是兩者都想影響。你要留意那些貶低你名聲的話語，一旦失控就要出手，從根源解決。

你有沒有看過國家地理頻道拍攝一群獅子的節目？如果看過，你就知道獅子殺死獵物之後，衝突就在所難免。一群鬣狗過來想奪走獵物。我看過一個場景，一隻獨行的獅子殺掉走上前來的鬣狗，就為了警告其他的鬣狗別動歪腦筋。這隻獅子那天晚上保住了他的晚餐。

你不需要跟每一個人起衝突，也不需要到處挑釁。但如有必要，你必須有能力，也有意願捍衛你的名聲。

看你的本事

你的名聲是唯一真正屬於你的東西。尊重你的名聲，其他人才會跟進。

別人要墮落就隨他去，你別跟著墮落

也許你真的很喜歡幫助別人，幾乎到了過頭的地步。也許你是你的環境中最成功的人，或者跟你來自同樣環境的人，都不如你成功，所以很多人需要你幫忙。也許你非常關心少數幾個你特別在意的人。但不知怎麼的，你發覺你對別人的幫助超出原本預期的範圍，而你覺得應該要幫到底。你還發現，你所幫助的對象，自己並不怎麼努力。

有些運動員請我指點或協助的事情，其實是他們應該自己做的事情。我也跟他們這樣說。這一節是寫給那些努力幫助別人成功的母親、父親、老師、配偶、另一半以及朋友看的。他們幫助的對象得到的幫助，比自己付出的努力還多。

我必須告訴你要怎麼長期幫助別人，**也**幫助你自己。

基本原則是：不願意幫助自己的人，不值得你花時間、花精神去幫助。

例如有幾位母親與女友寫電子郵件給我，希望能幫助他們念大學的兒子跟男友在籃球界闖出一番名堂。每次的故事都一樣。年輕人球技高超。也許是過去犯了一些錯，不然就是沒遇到好的機會。這次可能是最後一次挑戰籃球了。深情的母親或女友想助他一臂之力，做過功課之後，找到卓瑞．鮑德溫。母親請我提供一些資訊，指引兒子的方向。對於這種來信，我的回應大致不脫以下的脈絡：

謝謝來信，我尊重妳想幫助兒子／男友實現籃球夢的想法。

但是以他的年紀，要打仗不該是妳幫他打。

如果他真心想打籃球，那寫信給我的人應該是他，不是妳。妳再怎麼想幫忙，也不能比他自己更有企圖心。寫信給我的是妳，不是妳的兒子／男友，這讓我覺得妳做得太多了。

他在籃球生涯的這個階段，必須全權掌控自己的命運與行動。他要是不願意，那無論妳再怎麼難受，都必須讓他失敗。籃球是他選擇的職業，不是妳選擇的。他真心想走這條路，就會採取必要的行動。他要是沒有誠意，那無論妳做什麼，他都不可能成功。

希望妳能了解我的想法。妳可以把這封信轉寄給妳的兒子／男友。如果他有興趣，可以直接跟我聯繫。

你的第一要務是你自己，永遠都是。如果你有能力幫助你認為需要幫助的人，那千萬要出手！但要小心不要熱心過頭，變成幫別人做他自己應該做的事。幫助別人要有限度，不能超過對方願意自助的程度。如果對方的努力程度是五十分，你給予的幫助就不能超過四十九分；他的努力程度是八分，你就不能超過七分；他的努力程度是九十分，你的幫助最多只能到八十九分。

當年我帶著職業籃球夢，大學畢業後回到家，只有我一個人為自己的未來奮鬥，沒有任何人幫忙。沒人幫我打電話給經紀人或是球隊；沒人幫我上網搜尋選拔賽或選秀營；沒人幫我付選秀營的費用、交通費、旅館住宿費，還有三餐開銷。我百分之百靠自己。如果有任何的進展，那百分之百是我自己的功勞；如果什麼進展也沒有，那也百分之百是我自己的問題。

能得到最多幫助的人，是幫助自己最多的人。他們本來就朝著成功的路上邁進。你的幫助就像推著一輛本來就在移動的車子。即使沒有人，也照樣會往前走。

你幫助一個懶惰的人，會害他摔得更慘；幫助一個不肯幫助自己的人，等於讓他站上他還沒準備好要站上的舞臺。萬一他摔下來——他也**必定會**摔下來，會跌得更深，更重，因為別人幫他做得太多。你伸出援手，換來這樣的結果，難道會感到開心？

一個人得到他沒有努力爭取的東西，那他不僅是配不上這個東西，也無力應付隨之而來的挑戰。

寧願讓他們**現在就**慘敗，往後才不會慘敗。如果你幫助的對象不願意幫助他自己，最好的辦法就是放手。對於那些不想為自己的成功奮鬥的人，你不需要覺得有義務幫助他們；對於不肯拯救自己的人，你不必覺得需要拯救他們。

放開他們的手。讓他們自己走、爬、一副蠢樣站在那裡，或者是敗個澈底。他們會學習站起來，繼續走下去——也可能並不會。無論如何，都跟你沒有關係。畢竟這不是你的人生。

你覺得自己已經努力了，但還是需要別人指點，該怎麼辦？該如何尋找能幫助你的人，又該如何報答他們？這是我在下一章要討論的主題：找到良師，經營長久的關係。

第十章 良師

所謂良師，是看過你想看的，做過你想做的，至少達成了你的某些人生目標的人。你即使沒有良師在側，也照樣能成功，但擁有良師等於擁有無價之寶。良師知道你所不知道的，看過你所沒看過的，能指點你。擁有良師，可以節省你自己摸索所需要的時間、精神、金錢與挫折。你可以從良師所犯的錯誤，以及成功經驗學習。良師還能在你最需要幫助的時候，拉你一把。

第一位教我演說的良師

我第一次遇見當娜（我在第七章提過），就問她為何願意指點我這麼多事情。她先前並不認識我，也不認識介紹我跟她認識的那個人。當娜說，曾經有人指點過她。所以她覺得指點我，也算是間接報答。

我並不是第一個向當娜求助的人。她在講者圈已經頗有名氣。但我一聽完她的指點，馬上付諸行動。對當娜來說，看見有人善加利用她的建議，是無上的樂趣。這表示只要有人**願意**實踐，她的指導**就會**有用。很多人都聽過她的建議，卻沒有付諸行動。我自己也有指點別人的經驗，所以對這一點並不意外。很多人就是這樣。所以才會有人看起來知道很多，卻做得非常少。

直到現在，我仍然將當娜當成好友。我告訴她我寫了這本書的消息，她也為我高興，引以為傲。當娜，謝謝妳！

了解良師與教練的不同

擁有一位良師，會得到很大的助益。良師知道你需要知道的知識，去過你想去的地方，能做你想做的事情，也願意與你分享經驗與知識。擁有一位（或是幾位）你能隨時請教，也樂意指點你的良師，會有無窮無盡的好處。

良師與教練不同，不應該混為一談。教練是受人聘請，負責督促你做該做的事。良師的介入程度比較淺。良師會告訴你什麼事情可以做，由你自己選擇做與不做。現在有了網路，網路上的良師分享一次訊息，就能傳達給數百萬人。

我們來研究如何找到、運用並且維繫良師，包括真人與線上的良師。

成功人士總是願意分享成功之道

也許你要找一個良師並不容易。不過也不用擔心，因為很多成功人士都很樂意分享成功之道，你只要花點心思找到他們就好。找到良師的第一步，是想清楚你到底想學習什麼，想培養怎樣的技能。接著再找出那個領域的知名或是成功人士。《一週工作四小時》的作者提摩西．費里斯給大家的建議，是找出那個領域十年前或二十年前的佼佼者，因為這個人不再是萬眾矚目的焦點，不會有排山倒海的邀約要應付，所以不但有知識，還有空閒可以指點你。

想找到良師，首先問你自己幾個問題：

- 誰寫過這個主題的書？（專家**一定會**寫書！）
- 誰在這個領域已經做出成績？
- 誰在網路上提供最多免費的內容？（要是懂得不多，大概發表不了多少材料，因為肚裡的墨水總有用完的時候。）
- 誰在寫這個主題的部落格？
- 誰的粉絲最多？
- 誰跟我關係最好？
- 誰的背景和經驗與我最相似？
- 誰目前面臨的難題跟我一模一樣？

只要能找到符合一個條件的人，就是好的開始。

成功人士很樂意告訴你關於他們自己，還有他們成功的經驗。你不見得能直接接觸到成功人士，占用他們的時間，但你一定能閱讀他們所寫的內容，從中學習。別人分享的任何東西，你都要看、要聽、要閱讀，你會發現你能學到的東西太多太多了，不需要一對一的對話也能學習。常有人問我，**你會跟以前的自己說什麼？**答案並不重要，因為我不可能跟以前的自己說話。但我可以跟**你**說話，把那些我希望在職業生涯更早之前能領悟的道理，說給你聽。你的良師說話時，你就要提醒自己這一點，他們正在回答以前的自己的問題，也在分享他們希望自己十年前、六個星期前，或是兩小時前就明白的道理。你就是你的良師無法回歸、也無法對話的「以前的自己」。

先幫自己的忙，再尋求良師

這些年來，很多運動員希望我能當他們的良師，其實他們根本不需要良師（至少還不需要）。你應該要在採取所有能採取的行動，用盡你所有的知識之後，再尋求良師。

尋求良師最大的錯誤，就是指望良師包辦你自己應該做的事情。良師存在的目的，並不是要告訴你，你在Google花十分鐘就能找到的資訊。良師應該是**根據你所採取的行動**，就目前的情況給予建議。

我當時跟當娜接觸，她問我的第一個問題，是我在網路上有沒有能見度，以及我到目前為止，為自己做了哪些努力。這兩個問題我如果都回答「沒有」，她恐怕就不會願意花時間在我身上。

尋求良師很容易犯的另一個錯誤，是還沒起步，就以為自己需要專家的建議。例如一個籃球員說只要有人每天免費幫他訓練，他就能成為籃球高手。也有幾位球員想到國外打球，希望我幫他們找到球隊。我沒有指點這種人。

以下是你能幫助自己的務實辦法：

- 你想發表影片，就打開攝影機，開始錄影。
- 你想當作家，就開始寫作，天天寫，連續寫一年。
- 你想當顧問，就先為潛在客戶服務。
- 你做出一個產品，就要叫大家買！
- 你想要進步，就要練習。

是，你一開始大概會表現得很爛，也許會覺得很尷尬。你會拿自己跟比較老練的人比較，覺得永遠達不到別人的境界。你會發覺自己還有很長一段路要走。但說真的，又沒有人認識你。你沒理由覺得尷尬。而且光憑這些理由，也不足以需要良師幫忙。

大家都喜歡加入勝利的隊伍。對你來說，「勝利的隊伍」是一個積極主動、製造出某種成果的人。舉個例子，我要是在認識當娜之前，完全沒有為日後的講者生涯做準備，那她也許不會指點我。但我已經有了名氣（雖然是在一個完全不同的領域），建立了個人品牌，在網路上也有知名度。我是**可信**的，並不是那種光說不做的人。我已經證明我正在實踐。

沒有人喜歡打會輸的仗。幫助一個什麼都不做的人，就是打一場必輸的仗；幫助一個已經在努力的人，勝算還比較高。我聽過有人將商業界形容為「樂隊花車產業（bandwagon industry）」*，因為一旦有人開始動起來，所有的人都會跟在他後面，免得錯過旅程。沒有人會跟在停止不動的車子後面跑。

看你的本事

要積極主動，動起來，再尋求幫助就容易多了。

*編註：在花車大遊行中搭載樂隊的花車，參加者只要跳上了這臺樂隊花車，就能不費力氣享受遊行，接受讚美，也因此英文中的「jumping on the bandwagon」（跳上樂隊花車）就代表「進入主流」。而這種效應也被稱作「從眾效應」或「羊群效應」。

你不需要有良師幫忙，也能開始努力。如果對你來說，光是開始就很困難，那不妨花錢聘請一位教練督促你。畢竟督促你並不是良師的責任。

良師不應該幫你做你該做的事，你也不該指望良師盯著你的進度。良師存在的目的，是幫助你做正確的事，還要提升效率。辛苦的努力，百分之百是你自己的責任。如果這對你來說有困難，那就像剛才說的，要聘請一位教練（我的意思並不是說教練沒有別的作用）。

找一位願意跟你說實話的人

無論是業餘人士、想要成為職業人士，還是最後成為職業人士的人，面對的都是同一批教練。專業人士承受著吼叫、批評，還有沒完沒了的「你能做得更好」的督促，繼續奮鬥下去。

在我的職業生涯，我從來不曾要求教練稱許我的能力，或是讚美我的球技。教練總是督促我更認真打球，跑快一些，跳高一些。他們知道只有這樣，我才能跟擁有同樣才華的球員競爭。

也許你接觸過類似的良師。這樣的良師說你需要聽的話，幫助你**更進步**；而不是說你想聽的話，讓你**更開心**。現在有很多人都能充當良師，而且你不需要徵求他們的同意，也能向他們學習。你自己可以決定想向誰學習，盡情吸收此人的長處（所以最好選擇在你想學習的領域有創造過、發表過，也分享過很多的人）。

想找到一個能指點你哪裡需要改進的人，最關鍵的一步，是要找一個不會太在意你的感受的人。如果你的身邊沒有直言不諱的人，那我建議你現在就開始尋找。收聽我的播客，也可以每天聽見真話。現在的網路資源這麼豐富，要找到能指導你的良師並不困難，難是難在決定找哪一位（我覺得這個問題比較好解決）。

要先從自身經驗能激勵你的人找起。誰曾經達到過你想達到的境界？誰是你想成為的人？誰的言論跟你的想法不謀而合，好像能看穿你的心思，知道你最需要怎樣的指引？這些人就是你的良師。一旦找到良師，就要盡量吸收良師所說的任何話，直到達到目標為止。接下來再進入下一個階段。

銷售第一課：提供有價值的東西，換取良師的幫助

我們一想到「有價值的東西」，往往會想到錢。但除了金錢之外，我們還有很多有價值的東西能提供。看看你的人生，問你自己，你是否需要，或想要任何跟金錢無關的東西？當然是。其他人也會有與金錢無關的需求，即使是那些在專業領域上大幅領先你的人。

無論擁有怎樣的頭銜，擁有多少實體資源，每個人都會有一些與金錢無關的需求。以下是幾種最普遍的非金錢需求：

• 地位
• 注意
• 感謝
• 愛與關係
• 樂趣與多元
• 成長
• 自豪
• 自信
• 貢獻感
• 權力

每一個人都有金錢以外的需求。一旦擁有良師，就要盡快實踐良師給你的每一個建議。這對你當然有好處。對你的良師也有下列的好處：

一、你有了成果，你的良師就會發現給你的建議確實有效（你的良師會得到地位、貢獻感，以及權力的回報）。

二、你的良師會發現，花時間在你身上非常值得（良師會得到感謝與成長兩種回報）。

三、你愈來愈成功，你的良師也知道，他對你的成功有貢獻（良師得到了自豪、自信、貢獻、感謝，以及權力的回報）。我所幫助的大多數人，並沒有支付金錢給我，換取我的幫助。但我知道我對他們的成功有微薄的貢獻，這種回報的價值遠遠超過金錢。

良師給了建議，你就要照做！

當娜說，先前來找她的人，幾乎都有一樣的毛病：第一，他們覺得很意外，竟然會需要**努力**；第二，他們不願意努力。

我多年來擔任幾個人的良師，他們從小看著我提供的內容長大。結果好幾位最後失敗，為了同一個原因：沒想到需要付出這麼多努力。無論從事哪一種行業，沒有捷徑能取代恆久有紀律的勤奮。我知道在某個地方的實驗室，一定有科學家在研究某個配方，能讓人們完全不用努力，也照樣能成功。但這種神奇配方還沒問世。所以我們目前只能繼續努力。

良師會告訴你該怎麼做，給你建議與勸告。聽到就趕快開始實踐。如果你光聽不練，就會失去良師。或者說，你的良師會失去你。

你想影響這個世界，就一定要跟其他人打交道。無論是賣東西給別人，幫助別人，受別人幫助，還有排除別人對你的阻礙。你的人際關係能力愈好，就愈可能成為更好的人。

在下一章，我會告訴你最糟糕的幾種心理錯誤，還要告訴你怎麼避免及解決這些錯誤。

第十一章

十二道心理錯誤

多年來，我常常幫助別人處理心理素質的問題，也發現有十二種常見的錯誤。無論是好人還是壞人，每一個人都有可能犯這些錯誤。但若能有效預防，就能邁向成功。接下來我們要仔細研究每一種錯誤，學會避免犯錯，或是改正這些錯誤。

錯誤一：重播爛電影

你一定看過爛電影。也許是不好笑的喜劇，也許是無聊的動作片，也許是眾星雲集、噱頭卻遠大於內容的電影。你會不會去電影院，再花錢看一次爛片？你會把爛片下載在 Netflix，等有空再看？就算是免費，你難道還想再看一次？大概不會。一部爛片沒有人會想看兩次。看完一次就會從記憶刪除，還會告訴朋友這部片子有多爛，阻止別人上當。

但是每天都有人重播自己人生的爛片，在心裡重播以前的壞事，一再感受當時的壞心情。

你可曾信任別人卻遭到背叛？可曾心碎？別人對你的承諾沒有實現？可曾有過一整天、一整個禮拜，或一整年都過得很糟的經驗？

運動員在運動場上也會有不順利的時候。在我的三次失敗經驗當中，十一年級的籃球選拔賽是最悲慘的一次，被一個塊頭比我大、比我更強壯的十二年級生一次又一次打敗，只能看著他一次又一次得分。接下來的幾個禮拜，我在腦海中重播這部爛片，一邊思考我還能不能在籃球的路上走下去。我會這樣想，並不僅僅是受到那一天的影響，而是我想刪除這部爛片，拿美好的回憶取代，卻屢屢失敗所累積的結果。

銷售人員也會搞砸報告，因為說錯話而無法成交；好人也會莫名其妙被開除。不愉快的事情會發生，我們也無法讓時光倒流，阻止悲劇上演。我們只能仔細研究，從中學習，忘記不愉快，繼續往前走，或者是完全不管這件事，不想受到影響。我們永遠都有選擇的自由。

但很多人往往偏要重播爛片，把不愉快的回憶變成熱門強檔。要是賣票的話，那些人生爛片一定會打破票房紀錄。還有人會邀請朋友一起觀看，只要有人願意聽，他們就不吝分享自己經歷過的災難。

你的人生要是出現爛片，就把檔案刪除，從觀看清單刪除，拿去退費。

看你的本事

你不會花錢再看一次爛片，所以不要一再犯同樣的錯誤，應該去演幾部好片。

錯誤二：覺得自己太聰明，不需要基本功

這是我整理出的最簡短的成功關鍵：

一、知道你要什麼。
二、下定決心追求。
三、盡量多了解這樣做的後果。
四、相信自己。
五、認真努力。
六、不斷嘗試各種方法，直到奏效為止。
七、一旦開始看見成果，就盡量多跟別人分享這一套步驟。

很多受過教育的人覺得自己太聰明，怎麼可能需要基本功。很多人覺得成功的祕訣**絕對不會這麼簡單**。他們說，**我才不信！怎麼可能這麼簡單就會成功！這些我都知道啊**。於是就有專家洋洋灑灑寫了兩百五十頁的書，滿足你的智商，其實成功的祕訣都是同一套。

每一種專業、運動或是嗜好，都有基本的能力需求。籃球員常常要花上一整天，做同樣一套運球訓練，站在同樣的位置，以同樣的方式投籃，同樣的步伐，同樣的結束。有時候會不會覺得很無聊？當然會啊！無聊歸無聊，大家是不是照做不誤？你不做就不能成為職業籃球員。

看你的本事

要成為頂尖人物，或是拿到頂尖人物的薪水，光是**知道**基本功是不夠的，還要熟練才行。

這些基本功是專業生涯的基礎。你大多數的工作成績，都是來自鍛鍊基本功所練就的基本技能。

在商業界，企業必須依循基本原則，才能獲利，表現也才會超出預期。企業會走下坡，往往是因為追逐表面亮麗，忘記一路走來的根本。

在運動界，你在精采集錦影片所看到的那些花稍動作，實際上很少出現在比賽中。你可以看一整場球賽，算算會出現在集錦裡面的花稍動作有多少，而不怎麼花稍的基本動作又有多少。但是花稍的動作能吸引目光，所以有些還不算頂尖的球員，就不重視基本功。到了光憑天賦不足以勝出的階段，才發現不該忽略基本功，卻已經無法重拾機會。

在商業界，你必須學會的基本功，可能是完成每天的文書工作與帳目；管理階層的基本功，則是確保每一個人都遵守作業程序，就算走捷徑比較輕鬆也不行。一家企業會興旺還是倒閉，關鍵往往在於是否遵守規則。

一棟五十層的高樓，最吸引人的是設備完善的住宅、華麗的辦公空間，還有五星級餐廳。但這一切的基礎，是深藏在地下，沒人看得見的大樓地基。餐廳可能會關閉，改裝成健身房；住宅與辦公空間也有可能會易主，使用者也會改變。但地基永遠不變。大樓的地基，就好比你的人生基本功，無論在人生的哪一個層面都一樣。

錯誤三：努力的方向錯誤

每次我聽見有人說「知道自己的價值」，這個人指的是得到的收穫，也就是他們覺得得到的報酬，或是別人開出的價碼太低。有人開出十塊錢，他們會覺得自己值二十塊。但這些人不知道，你的價值取決於你對你自己的投資。於是他們開始要價太高，超出本身的價值。

我從來沒聽過有人覺得收到的報酬**高於**自身的價值。但如果要這些人付出、投資，或是先付出，以後再收割，他們就會開始斤斤計較成本，變得超級苛刻。還有人會要求保證收益，一定要看到真憑實據，才肯著手行動。

我把這種行為稱為努力的方向錯誤。

你確實在努力，但方向不對。把資源用在刀口上，盡量減少浪費，追求最高報酬，這並沒有錯。但好比你在籃球場上不只要進攻，還要有效防守，才能得勝；你在人生的賽局，也要兩面兼顧。如果你得到的報酬很高，要記得往後就要大手筆投資自己。

要把對你自己的投資，看成是一種能收取利息的存款帳戶。你在帳戶投入愈多，以後擁有的就愈多，還有利息可以拿。而且要記住，投資自己不是只有金錢而已。投資總共分為五種：

- **時間**。這是人生當中唯一一樣，一旦用完就活不下去的東西。無論你擅長任何事情，都是因為花了時間學習。任何值得擁有的東西，都需要花時間爭取。
- **金錢**。天底下沒有免費的午餐。你的床、你用的電、你的牙膏，還有你的晚餐，全都要花錢買。
- **關注**。我們身邊充斥太多東西，不可能看得完。那你在尋找什麼？你在關注什麼？
- **聚焦**。你的注意力核心。人一次只能聚焦在一件事情上。在你關注的事情當中，你會聚焦在哪一件上面？

• **精力**。沒有努力就不可能有成果。

錯誤四：甘於在不屬於自己的平庸掙扎

棒球是我第一個正式參加的團體運動，我從九歲開始打棒球。到了十四歲那年，我發現我實在不擅長棒球，轉而打籃球。我在籃球方面，擁有一些先天的優勢。我的身高有一九三公分，不算超級高，但還是比大多數同年齡的人高；我的手臂也很長，運動細胞很發達，跑得很快，跳得又高。

我都不知道我怎麼會打這麼久的棒球。也許是因為我爸是棒球教練，我也有很多朋友打棒球；也許我想證明給自己、還有其他人看，我也是能打棒球的。這些理由都不差，但也不算好理由。最重要的是，我不擅長打棒球。我唯一與生俱來的棒球技巧是跑步。如果我的專長是跑步，也許我會打橄欖球、踢足球，或是加入田徑隊。我在棒球隊也沒有出色的表現，沒能奠定未來棒球生涯的基礎。

幸好我在十四歲就領悟這個道理。很多成年人跟平庸搏鬥的時間，比我久得多。這些成年人早該脫離現在的行業，連一個留下來的好理由都沒有，卻還是不肯離去。他們倒是有不少爛理由。

我把爛理由一一列出來，告訴你為何應該摒棄這些想法。

「我一直都在做這個。」就是因為你一直都在做這個，所以你才不應該再做下去！世界會變，時代會變，人會變，資訊會變，你也會變。你一直在做同樣的事情，就等於世界一直往前走，你卻在原地踏步，只會輸掉比賽。

「我的朋友都這樣。我認識的每個人都這樣。」與朋友分道揚鑣並不容易。但如果是真正的朋友，即使你走向不同的道路，他們也還是你的朋友。大學四年級的我並不是籃球校隊的一員，但我的朋友全都是。我們並沒有彼此疏遠，直到現在還是每天都會聊天。我寫這本書的時候住在邁阿密，我最要好的幾個朋友則是住在美國的東北部與西岸。

你不需要為了維繫友誼，一直待在同樣的地方，做同樣的事情。我們現在有電話、Wi-Fi、網路。即使你失去一些朋友，世界上也還有七十億人任你選擇。

「我不肯放棄。」很多人拿這個當藉口，把自己困在不想要的關係、職業生涯等等。**軟弱放棄**與**勇敢離開**是不一樣的。

軟弱的人一旦事情不順利，或是誰說了他不愛聽的話，或是缺乏按照程序走的紀律，就要放棄；勇敢放棄的人是在拚盡全力之後，發覺自己不適合這個環境。也許有更好的想法，也許沒有，但他很清楚，這條路不適合再走下去。如果這條路很顯然不適合你，你就有責任離開。

明知不適合，還硬要留下，這並不叫做精神勝利。

「誰誰誰做過這個，或是正在做這個。」你不是這個誰誰誰。你做的事情，以及你能做的事情，跟這個人一點關係也沒有。

「我知道我能成功。我只需要（採取你很久以前就該採取的行動）。」只要（行動），每個人都可以（成就）。我的打擊、接球、投球能力要是更好，我就會是很厲害的棒球員；我要是更在意成績，我的學業就會更好。這種錯誤的推理邏輯顛倒了事情真正的順序。真相是你如果一開始更在意，**就會**做得更好。這個意思不是叫你現在要強迫自己更在意。你不在意，就代表你不適合做這件事。

如果你在工作上要很吃力，才能勉強保持及格，那你要知道：這個世界不會花錢買平庸。你認識、追隨，以及贊助的對象之所以贏得你的關注，是因為他們在某些方面表現傑出。他們要是不怎麼樣，你也不會關注，不會在意，更不會掏錢。

你也許想問，那我該怎麼知道自己到底是在通往偉大的道路上掙扎，還是在完全不適合的道路上掙扎？拿我自己當例子，我在棒球與籃球這個領域都掙扎過。要怎麼區分兩者的不同？總共有四種方法：

一、**你在這條路上能看見未來的願景嗎？**我能想像我自己籃球球技愈來愈進步，成為頂尖球員；而在棒球，我只看得見當時的那一天。

二、**努力還有樂趣可言嗎？還能激勵你嗎？**我在籃球的路上遇到很多難關。但沮喪過後，我又充滿幹勁，繼續精進實力；但在棒球的路上，我在挫折過後只看見沒有出路的困境。

三、**你有沒有做這件事的天分？**我介紹過我在籃球方面的優勢；棒球的天分應該包括強而有力的投球手臂，最好也不要怕球。而這兩者我都欠缺。

四、**你感覺到自己漸漸進步，還是困在泥沼裡？**即使在我辛苦掙扎的日子裡，我的籃球球技也漸漸進步。我發現我自己在場上發揮出平常練習的技巧。我每一個月都可以告訴你，我比上個月進步了多少；我的棒球技巧卻是原地踏步。我年紀愈來愈大，身高愈來愈高，球技卻沒有進步。

看你的本事

問你自己，成功對你的意義是什麼。接著再問你自己，繼續在現在的道路上掙扎，是不是通往成功的最佳途徑。如果你無法馬上篤定說出「是」，那也許你該轉換跑道。

錯誤五：太在意「做」，不夠在意「是」

拿破崙．希爾在一次演說中講了一個故事，是關於他的合夥人威廉．史東的故事。史東在他的家鄉享有最傑出商人的美譽，在當地很有影響力。有一位年輕的保險業務員請史東幫忙，由於他始終賣不出保單，想拜託史東推薦十位潛在客戶，讓他拜訪，也希望史東能允許他跟這十位潛在客戶，提到史東的名字。史東同意幫忙，也準備好十個名字與電話號碼，等這位保險業務員隔天早上來拿。

一個禮拜之後，這位年輕的保險業務員帶著好消息，再次衝進史東的辦公室。他本來推銷十次只能成交一、兩次，結果史東推薦的十個人中，有八個人跟他買保險。他那天還要再拜訪名單上的另一個人。這種逆轉真是太神奇了。

興奮不已的保險業務員問史東，能不能**再推薦十個人**讓他拜訪？史東很忙，但還是建議保險業務員，從本地的電話簿找出十個名字。反正他先前提供的十個名字，也是從電話簿找來的。年輕的保險業務員很難相信，但史東最終還是讓他相信，十人名單真的是從當地的電話簿隨機尋找的。

保險業務員先前的業績，跟他後來接觸這十位原本不知道是隨機選取的客戶的業績截然不同，究竟有什麼地方不一樣？他的推銷技巧沒有變，銷售的產品也沒有變，唯一變的是他的心態。他以為他拜訪的對象是史東先生推薦的人物，所以他的期待，還有他的幹勁也有所不同。他對他自己，還有對他的產品，都更有信心。

這位保險業務員已經知道該怎麼做。唯一改變的是他做事的心理狀態。

我們都知道想成功就要付出代價，所以有了目標的人，都想馬上開始行動，聽起來似乎很明智。這本書的主旨既然是要你精進你的心理素質，當然就要從努力精進開始嘛，對不對？錯了。

很多人馬上開始行動，身體立刻動起來，卻沒有先準備好心理素質。結果就是做的事情都正確，卻沒有達成想要的結果。於是這些人就會怪罪某個技術、策略、方法或是計畫「沒有用」。

假設我給你烤蛋糕的食譜。你按照食譜的指示，把所有的原料組合起來。但如果沒有蛋糕烤盤，也就是沒有一個容器，你只會在廚房弄出一團亂。還記不記得我在第三章介紹的「是—做—有」原則？其中「是」的定義是「擁有狀態、特質、身分、本質，或是角色」。

看你的本事

採取行動之前，先檢視你的心理狀態、精力，以及聚焦的重點。把「是」調整好，「做」就容易多了。

不要被自覺意識打敗

自覺意識很自私。你處在只想到你自己的狀態。沒有貢獻能量，所以也不會得到能量。自覺意識不只是個人的問題，也是影響人際關係的問題。你無法專注貢獻價值給他人（對了，貢獻價值是賺錢，也是出人頭地的唯一方法），就不可能結交朋友，也無法影響別人。

不要只想著你自己。你正在看這本書，按照書上寫的方法行動。有人在指點你。現在的你應該專心思考如何貢獻最大的價值。成功之後，你收到的回報會多到讓你不知所措。

錯誤六：思考太久才行動

我看過一篇演員伊卓瑞斯・艾巴的訪問。很多人都認為，他應該獲選為《時人》雜誌「二〇一七年在世最性感男人」*。有一道訪問題目是，他在公開場合會如何接近女性？他建議天下男士立刻走上前去攀談。他說，男人要是等太久才走上前去，就毀了那一刻，說不定毀了最好的機會。男人花愈久時間思考該怎麼做、該怎麼說，就愈容易因為失去勇氣而錯過機會。

用下面的方式做好準備，到了該表現的時候就不需要思考。

* Elyse Wanshel, "People on Twitter Pretty Sure Idris Elba Was Robbed of 'Sexist Man Alive' Title," Huffington Post, November 15, 2017, https://www.huffingtonpost.com/entry/idris-elba-sexist-man-alive-twitter_us_5a0ca100e4b0b37054f41977

拚命做好準備

要在表現**之前**做好萬全的準備，一切就會按照劇本演出。要將你的心理素質提升到極致，甚至到達你事先就能預料自己的表現與結果的程度。要先想好別人會問你哪些問題；要準備好面對不同的意見；對自己的準備與表現要有十足的信心，你的能量就會壓倒疑慮。無論發生任何事情，你都不會出差錯，也不會感到意外。

想像你成功的景象

我第一次參加籃球選秀營，一開始在場上的表現有些怯懦。在暫停時間，我提醒自己，我在場上的表現關係到我的人生，還有我的職業生涯。我知道我最大的本事是運動細胞很發達，只要好好發揮，表現就會很突出。我決定要以突出的方式打球，也就是要有自信，要有攻擊性。我要向籃框進攻，要努力灌籃幾次。大家看到灌籃都會記得。無論是好是壞，總會有所突破。

下一次我拿到球，我就用力攻向籃框，觀眾傳來一片讚嘆之聲。我聽了好高興。在那個週末，我接二連三拿下突出的表現。選秀營結束後的球探報告說我是「具有爆發力的運動員」、「能在千軍萬馬之中灌籃」。

我知道我有本事，我只需要想像那個景象。

我拿這份球探報告還有比賽的影片，跟幾位經紀人聯絡，並順利跟其中一位的經紀公司簽約。公司為我找到我的職業籃球生涯第一站：立陶宛考納斯市的籃球隊。

我們的大腦會對影像有所反應，而不是對言語有所反應。所以人家說偉大的音樂家與演說家是**用言語作畫**。所以才會有人製作願景板，把你心中的願望以圖像表達出來。

對於想像，有一點要注意：如果你知道自己具備成功的條件，就很容易在事前想像成功的景象。你在上場之前已經努力過，做好迎接成功的準備，你的大腦就會準備好，展現出你所設想的願景；如果沒有努力，你的願景只會是一片空白。

我們都有自己的心理地帶。大腦一旦進入這個地帶，完全不需要思考就能執行。時間流逝的速度會變慢，任何事情都不能擾亂你的節奏。有人說這種狀態叫做「流暢」。在描寫臉書創辦過程的電影《社群網戰》，軟體程式設計師在設計軟體的時候，就是處在這種心理地帶。

你要了解你心理地帶的模樣，也要知道如何進入心理地帶。我以前是運動員，我在獨自一人的時候，靜下心想像我在場上的表現，找到我的心理地帶。我現在身為講者，還是以同樣的方式找到心理地帶。有些人需要毒品的刺激；有些人需要教練或朋友加油打氣的話語。我有幾位隊友進入心理地帶是靠舉重，或是使用跑步機。如果這一套對你有用，那就做吧！

平常就要練習進入心理地帶，需要的時候才能隨時進入。麥可・喬丹就承認，在他第一次暫時告別籃球的那些日子，他失去了進入心理地帶的能力。他用了一個停賽季，調整他的實力與心態。芝加哥公牛隊接下來連續三年贏得NBA冠軍。

無論你從事哪一個行業，到了該表現的時間，你最不需要做的就是思考。你之所以會在那裡打球、領導、報告或是訪問，是基於一個很好的理由：你掙得了現在的位置。要做好準備，訓練自己保持冷靜，就不需要去懷疑你的表現會是如何。

錯誤七：樹立隱形的障礙

所謂隱形的障礙，電籬笆就是一個很好的例子。我見識過電籬笆對一隻狗的影響。狗狗一連幾天太靠近地下「籬笆」的邊緣（因為狗狗項圈上的一個裝置），幾次輕微觸電。狗狗後來死都不肯靠近籬笆，即使電籬笆的電源已經關閉，狗狗還是不肯走到籬笆外面。無論主人呼喚、用食物或是拿狗狗最喜歡的玩具引誘，狗狗都不肯踏出籬笆之外。

人類比狗狗更複雜。但我們也是生活在各自的電籬笆之內，設下一道看不見的障礙，困住了自己。回答下列的問題，就會知道你有沒有隱形的障礙，如果有又該怎麼拆除。

一、**你從那些在你眼中不算成功的人，學到哪些想法？**關於金錢，我小時候常聽見的幾句話是**「我們負擔不起」**、**「錢不會長在樹上」**，以及**「我們並不富有」**。這些話讓我覺得，世上的錢財非常有限，而且都不會到我手裡。要到很多年後，我才發覺不是這樣。

也許你也受到人生中權威人士的思想、信仰，以及「規則」所影響。這些權威人士包括你的老師、父母，還有家族的長輩。而現在的你年紀夠大，能思考別人灌輸的思想是否有道理，也能判斷跟你說這些話的人，是否擁有你想追求的成功。

冰冷殘酷的真相會讓人很難受，真相要是不符合我們對自己的評價，就更難接受了。你很少會聽見有人公開承認已放棄了自己。我們會把放棄自己這件事情合理化，編一個故事安慰自己。有些人經常編故事安慰自己，久而久之自己都以為編出來的故事是真的。要培養自己有能力辨別這種人對你說的話。

你看看這個人、還有這個人的周遭，能看見什麼？他是否擁有你想要的成功？他是否已經達成你想達成的目標？這個人可曾達成你想要的境界？

如果你的答案都是「否」，就等於縱容你的人生前方立著一道隱形障礙。

二、哪些思想侷限了你的發展？我身為職業運動員的那些年，從來不肯在混凝土場地打籃球，或是做任何運動。我覺得在堅硬的地面做高衝擊運動，我的膝蓋會完蛋。我跑步一次也不會超過六公里半，因為我覺得再多就會耗損肌肉。

我在二〇一五年告別籃壇，決定開始跑步，希望提升腎上腺素分泌，說不定能得到跟打籃球不分上下的心理快感。我很快就輕鬆駕馭六．五至八公里的距離，也就是籃球員一般在比賽跑動的距離。我需要更長距離的挑戰。我開始挑戰八、十一，甚至十三公里。我一星期跑個幾次，這才發現我的膝蓋不但不會不舒服，甚至比我以前打籃球的時候還舒服。原來傷害我膝蓋與腳踝的不是混凝土地面，是**籃球**，因為打籃球需要跳、變換方向、碰撞，還要橫向移動。我瘋狂愛上跑步，兩度參加邁阿密馬拉松，每次都跑完全程四十二．二公里，而且都是混凝土路面。

我在大學二年級那年，有人介紹我玩舉重，我從此愛上舉重。我打大學籃球還有職業籃球的那些年，認識不少打死都不肯進重量訓練室的隊友。最常見的理由是舉重會「搞砸他們的投籃」。他們認為舉重會增加肌肉，會影響他們的投籃與運球能力。我老是覺得這種想法有夠荒謬。這就好像一名女性聘請健身教練，卻先說她不想變成「那種魁梧健美、看起來像男人的女人」。

對於這種編藉口的籃球員，還有去健身房又唯恐練出一身肌肉的女性，我的回應都是一樣：**有沒有搞錯？你沒試過舉重，一次也沒有，竟然就擔心練出太多肌肉？**我聽過太多人拿「我不要太強烈的效果」當作不做事的藉口；還有「我怕我會太有信心」、「我怕花太多錢」、「我怕會練出太多肌肉」。

三、**哪些事情是因為你覺得自己不夠格，所以沒有嘗試？**我一開始進入商業界，有個自我侷限的想法，以為自己以前是職籃球員，闖蕩商業界會顯得不夠「專業」（還浪費不少時間想打造比較「專業」的形象）。我們每個人都要面對的隱形障礙，是覺得自己「不夠格」的想法。我們被這種想法困住，認定自己沒有能力做某些事，不可能擁有某些成就。但我們卻一直看見別人擁有我們自以為無法擁有的人生。

別人是不是擁有你沒有、也不可能擁有的工具？

別人是不是擁有你沒有、也不可能擁有的身體條件？

為什麼別人就有資格成功，你就沒資格？

答案都是一樣的：不是，沒有這種事。

解決之道：人類雖然是最聰明的動物，卻往往看不見那些妨礙我們履行責任、實現夢想的隱形障礙。要保持警戒，不要被隱形障礙所困，以致於無法擁有你該擁有的人生。

錯誤八：浪費時間與注意力在恐懼上面

我們之所以恐懼，是因為覺得某人或某樣事物很危險。恐懼是靠兩種食物生存：時間與注意力。很多人認為，我們的思想與專注的對象，造就了我們的人生。專注在好的事情上面，會得到好的結果。你認不認同這句話？同樣的道理，專注在恐懼與不愉快的事情，人生就會充滿恐懼與不愉快。

你看看陽光穿透放大鏡的結果。放大鏡會製造出一道溫度超高的光，熱到能起火燃燒。你的專注也是一樣，你所有的資源都集中在一個任務、一個想法、一個結果上面。你要是心懷恐懼，開始注意心中的恐懼，你的恐懼就會變得更大、更強，也更難對付。

把時間花在恐懼上，恐懼便會坐大。一旦恐懼來襲，你絕對不能遲疑、退卻，反正就是不能把時間花在恐懼上面。很多人偏偏犯了這個錯誤。他們給恐懼服用類固醇，專注在恐懼上，完全不想辦法化解恐懼；甚至會說出心中的恐懼，細數可能發生的壞事，擔心最壞的狀況成真。心懷恐懼的人什麼事情也做不了，因為注意力全被恐懼占據。他們生活在恐懼之中，睡不著覺，整日只想著自己有多害怕。

解決之道：應該專注在你**能**採取的下一個行動，而且要盡快採取這個行動。

恐懼成癮

有些人是恐懼成癮，屈服於自己心中對成長的恐懼、對發展的恐懼，以及對提升的恐懼，不願意成長、發展、提升。怎麼會有人這樣？怎麼會有人故意向恐懼屈服？

有三個原因：

一、**成長會帶來不便與不自在**。成長不會按照我們的時間表發生。

二、**所謂提升，意思是脫離現在的你**。身心都要脫離。我們是習慣的動物，離開熟悉的環境、接觸未知的事物難免不安，會形成很大的壓力。

三、**代價必須事先支付，而且沒有收益保證**。我們都喜歡能預測、控制的事情。一旦要做無法保證會有成果的事情，我們就會陷入恐懼。恐懼會逼迫我們撤退，永遠不長進。

你是不是恐懼成癮？有四種方法能幫你檢視：

你第一個念頭就是哪邊會出錯。你遇到新的機會，第一個念頭會是什麼？

- 你會不會想到成長、發展與成功的可能性？
- 你會不會想到你能幫助、能啟發、能激勵的人？

或者是：

- 你會不會想到所有會出錯的地方？
- 你會不會一直在想，做這件事是浪費時間的各種原因？
- 你會不會想起別人做這件事的失敗經歷？
- 你會不會想到停留在原地，不隨便冒險，你的人生會有多麼輕鬆？

思考是免費的，而且基本上思考一件事情並不會造成可怕的後果。嘗試新的事物，並想想新的事情怎樣才會**順利**。思考一下新的機會能帶給你哪些好處；也想想萬一事情不順利，你又能如何全身而退。要記得，想像有兩種方向，試試比較少人走的那個方向。

你讓失敗在你心中種下疑慮的種子。並不是每個人都想要成功。這句話很刻薄，卻是真話。很多人沒有目標，嘗試過一次，失敗了，就鐵了心再也不嘗試。這些人只能鼓吹他們知道的事情。你要是把他們的話當一回事，久而久之他們就會在你的心中，種下疑慮的種子。

評估一下你花最多時間相處的人：

- 你們都在聊些什麼？
- 你們會不會聊起可能性、成功、發展與成長？
- 你們會不會聊起事情失敗的原因？
- 你們會不會聊起為什麼自認為不會成功，而且嘗試是浪費時間？

如果你浪費時間聽那些沒有成長、每況愈下的人說話，你可能已經恐懼成癮。你應該尋求能種下成長種子的良師，真人或是線上的都可以。人類是社交的動物。一個人做正面的事情，就會鼓勵別人做正面的事情。這形成了情誼，自豪與自尊也會因此提升。找出那些擁有你所追求的、達成你的理想的人，跟他們長期來往，看著成功的種子發芽。

你明明不是普通人，卻拿自己跟普通人比較。如果在一個人山人海的場合問大家，**這裡有哪一位自認為是普通人？**應該不會有人回答。但遇到嘗試新事物的機會，常有人問我，**一般人會得到怎樣的成果？**或者是他們看見有人嘗試新事物，就問，**這樣做正常嗎？**或者問，**大多數人都這樣嗎？**很少人會承認自己是普通人，但很多人卻會**拿自己跟普通人比較**。

你要認清到底哪一個是你。而事實上我們每個人都會拿自己跟別人比較：

- 你會不會拿自己跟頂尖中的頂尖比較？
- 還是你只在意「大家」怎麼做，不想偏離平均值？
- 你做的事情與別人做的不一樣，會不會覺得尷尬？
- 在團體當中顯得特殊，會不會讓你不自在？
- 做著跟別人一樣的事情，是不是最讓你自在？
- 你是不是明明就**不**普通，卻一直**拿自己跟普通人比較？**

如果你在任何一題回答「是」，你可能已經恐懼成癮。要下定決心，要記住你跟別人不一樣。你是一個獨特的個體，世界上不會有另一個你，永遠都不會有。你的人生應該反映出你的獨特。不要拿你自己，跟你不想成為的人比較。

你有優柔寡斷的毛病。你已經花了時間考慮，從每個角度評估，也比較了其他選項。那為何不做出決定，採取行動？問你自己下列的問題：

- 我是不是怕出錯？
- 我是不是不想承擔決策的責任？
- 我是不是比較想站在後面，看別人冒險？
- 我是不是不喜歡改變？
- 我是不是安於現狀？

也許是因為決策背後的行動。依據決策採取行動，就等於承擔這個決策，斬斷了其他的可能性。有些人很怕承擔。如果你發覺自己常常優柔寡斷，那你就是恐懼成癮。

解決之道：要知道最好的成果，來自你全神貫注的行動。要做到全神貫注，就要斷絕其他的考量。要做出選擇，再把這個選擇變成最好的選擇。

錯誤九：以為當好人比當個重要的人更重要

曾經有人說：「當個重要的人是很好，但當個好人更重要。」有人也跟進。於是現在有數百萬人把這句一文不值的話當作聖旨。

我知道這句老掉牙的話的前提：做一個好人，跟其他人相處融洽，是一種很好的生活方式。但這句話是那些**不重要**的人，拿來安慰自己的藉口。

好人的**好**的定義是「令人愉快、討人喜歡、良好、美好、細膩」；**重要**的意思則是「具有重大意義或價值，對成功有重大影響」。

當個好人很好，當個重要的人很重要。再看一遍上面的定義。如果你只能選擇一個，你會選擇哪一個？

每個人都有一個基本需求，都需要覺得自己很重要。如果你不想成為重要的人，你就不會看一本和提升自己心理素質相關的書了。你不需要以揚名全世界為目標。你累積了成功的經驗，即使你不想要名氣，也會變得更重要。但有些人偏偏認為，做個好人更重要。

再說一次，好的同義詞是**良好**。在學校，C等的成績就叫做**良好**。我不希望我的人生任何一個領域拿到C等的成績。我要登上優等生名單。想想以下的問題：

- 你想不想將你的能力發揮到極限？
- 你想不想擁有最高等級的人生？
- 你的內心是否相信，你能讓你的人生超越良好的C等成績？

- 你希不希望現在做的工作或是生意的收入會更好？你覺得哪一種會讓你更快賺大錢，是變得更良好，還是更能幫助公司成功？
- 你希不希望在球隊能有更多上場的機會？你覺得怎樣能更快贏得上場的機會，而且地位還能維持更久？是對教練好，還是做個更重要的球員？

你的約會對象如果是你眼中的「好人」，那大概沒有第二次約會。你跟老闆見面，是比較在意要做個好人，還是處理重要的公事？你的老闆會在意哪一個？你閱讀一本書，你覺得作者會希望這本書討喜，還是重要？你覺得哪一種會更暢銷？想想你最近遇到的好人；再想一個你最近遇到的重要的人。你對誰記憶比較深刻？做一個重要的人，並不代表要做一個討人厭的人，不代表對別人不能有同情心，也不代表搭電梯就不能微笑跟人打招呼；而是正好相反，我認識的幾位最和善的人，正好是我見過最知名、收入最高，也是最重要的人之一。

我所遇過的最討人厭、最沒禮貌的人，全都是不重要的人。他們因為不重要，所以要透過別的方式顯得自己很重要，貶低別人就是一種方式。

他們既然不重要，就更沒有理由開心。這是一種沒完沒了的惡性循環，這種人討人厭，所以沒人願意跟他們來往，就更不會有機會成為重要人物。

以我自己來說，我變得更重要之後，也成為一個更和善的人。我變得比較有自信，也跟重要人物建立了長久的友誼，從他們身上學到與人為善。我是我自己的成功推手，所以我更有理由微笑，更有理由與人為善！

做一個重要的人，並不代表就不能與人為善。和善與重要並不會互相排斥。有些人相信一種老掉牙的說法，好人能在卑微中找到慰藉，而重要的人必有可恨之處。

才不是這樣。

做一個和善的人，並不代表不能做一個很有貢獻的成功人士；很有貢獻的重要人物，也會做讓人愉快的事情。你的地位愈重要，就愈能與人為善。重要人物也會做慈善捐獻，捐獻支持有意義的事情，幫助需要幫助的人。我上星期遇見一位重要人物，是登上名人堂的運動員。她對我說的第一件事，就是她的慈善基金會做了哪些事。你一旦成為重要人士，想怎麼行善就能怎麼行善，想行善多少次都行。你如果是個不重要的人，行善的能力就有限；不重要的人往往也缺乏行善所需的資源。

沒有金錢與人脈這些資源，還能做出了不起的善行義舉嗎？當然可以。但是我們都知道，食物、衣服、住所、電力、通訊，以及物質全都很重要。這些都需要以資源換取。

重要人士可以促成一些事情。

如果你是個重要人士，**具有重大意義與價值**，**對成功有重大影響**，你就擁有權力。權力就是影響力，運用自己掌握的資源，促成（或阻止）一些事情。想想以下的問題：

- 你想不想促成事情？
- 你希不希望在你的職場、球隊、家庭、人生，能發揮實質的影響力？
- 你希不希望死去之後，能有人記得你的名字？
- 你的人生是不是有一些地方，是你想改變卻尚未改變的？

如果以上有任何一題的答案是「是」，那你就該著手行動。一個很有價值的重要人士，一定要能促成一些事情，才能成為成功的推手。

好人可能會被人利用；重要的人則已經握有優勢。我當年需要請一個週末的假，去參加人生第一個籃球選秀營。我當時是跟主管商量，要在那年夏天補上班。主管願意跟我合作，不是因為我人很好，而是因為我幫健身房賣出很多會籍。他身為經理，很需要我這個成功推手。

在商業界與運動界，重要每一次都比和善更重要。要努力成為重要的人，愈重要愈好，你才更有餘裕與人為善。

過往的職業生涯已經告訴你：良好的成績是不夠的。對於一個在海外效力的美國籃球員來說，一旦有重要的球員加入球隊，「良好」的球員就只能搭經濟艙回美國。在每一種行業，頂尖的人物總能得到做都做不完的工作機會。

解決之道：要記得，做個重要的人，並不代表就得做個不和善的人，而是要知道你身為成功的推手，可以擁有你所想要的好東西，而且有很多很多。

錯誤十：不尊重自己的成功

你從第六章〈心理堅強〉已經發現，成功是很自我、很敏感的。哪怕再小的輕蔑，成功都不會容忍，就算是開玩笑也不行。成功不會容忍別人的不敬。如果你曾經成功過，卻沒辦法再次成功，也無法將你的成功發揚光大，那你可能就是對你的成功不敬。說一個例子給你聽：

蘇西參加籃球校隊選拔賽，也順利選上，但她的隊友每一個都比她厲害。經驗比她多，球技也比她強。於是大半個賽季，蘇西都只能坐板凳。

在接下來的停賽季，蘇西寫電子郵件給我，訴說她的困境。她希望有朝一日能在WNBA打球，問題是她大學一年級平均每場比賽只得兩分，成績不夠理想。她知道她得進步才行，卻又覺得進步的速度太慢，很心急。她問我，**卓瑞，我要怎麼做才能進步得更快呢？**

也許你覺得蘇西並沒有錯。她很年輕，又有企圖心，急著要達成目標。急著成功並沒有什麼不對嘛，是不是？

不是。

每一次重大的成功，都必須依循一個程序，一定要遵守這個程序，絕對不能不尊重程序。

如果你身邊的人都比你優秀，那你就要知道他們每一個人都是依循一套程序，才能到達今天的地位（即使他們並不知情）。他們只是比你更早開始而已。

蘇西在大學一年級的賽季，平均每場比賽得兩分，這也是她的必經過程。她必須經過這一段，才會成長。是不是每個球員都得經過這一段？不見得，但世界上只有一個蘇西。她走的是**她的路**。蘇西認為她應該有更多上場時間，拿到更多分數，這種想法是打了程序一巴掌。進步不是變魔術。蘇西還沒有完成我在這一章的「錯誤三」介紹的五點投資過程（時間—金錢—關注—聚焦—精力），還沒有付出與目標相稱的代價。

不想遵循這個程序的人，並不是真心想成功。你的成就不管多麼微小，你都要予以尊重，視為日後發揚光大的基礎。你瞧不起自己，瞧不起你的成就，成功就會知道你瞧不起它。你等於是告訴成功，除非成功以某種你指定的方式出現，否則你不會接受。

解決之道：在你的人生旅途上，每完成一步都要好好慶祝，至少也要懂得欣賞你的成功。這都是整個過程的一部分。每一個偉大的成就，都要歷經一個過程，過程的起步很渺小。**你的**成功也不例外。

錯誤十一：發牢騷

人生難免有不如意。難免有你不喜歡的事情，跟你所想的正好相反的事情；還有無法預料的意外，會耗費你的金錢、時間，以及其他你在意的東西。遇到這種事情，你最不應該做的，就是埋怨、發牢騷。

你要養成一種觀念：事情是因為你才會發生，不是莫名其妙落到你頭上。

如果你看過我的書《心理練習簿》，也知道潛意識的運作方式，你就會了解這一點。你的思想與精力會吸引同類。所以你在人生道路上所遭遇的一切，都是因為你做了某些事，或是沒做某些事。你承認事情都是**因為**你才會發生，就有力量創造結果。如果事情只是憑空**落在你頭上**，你就是一個無法控制自己人生的受害者。要問你自己能做什麼，而不是問怎麼會這麼慘。

我在大學三年級那年，籃球校隊生涯戛然而止，這輩子的籃球夢也許就這麼被判死刑。但我開車從體育館回到我在校外的公寓，一路上開始重建我的道路與願景，盤算要如何成為職業籃球員，畢竟大學籃球的階段已經結束。

探索內心的恐懼，是我們遇到事情會自動出現的心態。**我是不是有危險？我會不會受傷？我需不需要逃走？**

你已經熬過了不愉快的事情，現在才能安然無恙說起往事。你還能看這本書，就足以證明現在的你安然無恙。遇到不好的事情，先問自己能怎麼做，而不是陷在恐懼之中。我保證，你一定會想出辦法。

解決之道：不要發牢騷，除非你要鼓舞自己，扭轉劣勢。怨天尤人不是成功者的裝備。真要發牢騷，也只能是為了一個理由：準備採取行動，解決眼前的問題。

錯誤十二：把自己變成「職業資訊蒐集師」

有些人寫電子郵件，或是直接與我聯繫，想請我幫忙。他們的問題包括銷售、運球過人、自費出版，還有一些他們不知道該怎麼做的事情。很多人之所以沒有成功，似乎只是因為不知道該怎麼做。

事實是這樣的：現在的資訊多到不行，我們與其說缺乏資訊，不如說快被資訊淹沒比較真實。

如果**缺乏資訊**是你目前還沒成功的唯一原因，那你如果不是懶到最高點，就是沒有正視真正的問題。你大概很清楚，真正的問題是什麼。我可是清楚得很，絕對不是缺乏資訊。

我們生活在科技發達的世界，等於擁有一個遲遲不行動的全新理由：要蒐集更多資訊。有些人練就一身蒐集資訊的好本事，我把這種人稱為「職業資訊蒐集師」。

怎麼知道你是不是這種人？看看你有沒有下列的症狀：

有了資訊就想要更多

現在的資訊多到能把你活埋。對於職業資訊蒐集師來說，有了更多資訊，就有更多問題要問，更多理由要延遲行動。職業資訊蒐集師做研究、蒐集資訊、檢視資訊、比較資訊，搞了半天只是讓自己更混亂。這種人會問一些枝微末節、根本不值得花時間問的問題。問了問題又得不到答案，就會使出內建的不做事藉口：**我不知道怎麼做！**

盡量多蒐集資訊並沒有問題，但若是非要把這麼多資訊一一檢視、整理、記住之後，才要展開行動，那可就**有問題**了。世界上的資訊急速增加。職業資訊蒐集師要不了多久，就會被資訊的汪洋所淹沒。在泥巴裡（應該說資訊才對）打滾是不會成功的，職業資訊蒐集師卻偏偏樂於此道。他們不想弄髒西裝，所以不在泥巴裡打滾，改在資訊堆裡打滾，滾完之後也還是一事無成。

時間不斷流逝，原地踏步的職業資訊蒐集師終究輸掉了人生的賽局，變成培根起司漢堡最上方的配料，或是聖誕節火腿，開口處還塞了一顆番茄。大家都說職業運動員的生涯很短暫，其實職業資訊蒐集師的生涯更短。想知道消滅職業資訊蒐集師病毒的方法，回頭把第七章與第八章有關積極主動的內容再看一遍。

我們在這一章討論過的心理錯誤，很容易在不知不覺中，默默滲透到你的習慣。所以要時時警惕自己，運用前面討論的方法，一一消滅這些錯誤，你的大腦才會幫你的忙，而不是拖你下水。

第十二章 丟開書本，投入你的賽局

我寫這本書，投入了許多時間與精神。我敢說這真的是一本好書。話是這麼說，但不必完全依照我的話過日子。天底下沒有一個講者、作者、教練、演員、運動員，或是大師，能知道哪一條路最適合你。我除了幫助你強化心理素質，也不知道什麼最適合你。我不能替你思考，不能替你作主，也不能替你承受你的決策與行動所造就的人生。

你看了這本書，做了一堆筆記，然後什麼也不做，那也是你的人生；你看完這本書，又看了十本書，該做的事情還是一樣也沒做，那也是你的人生。

我是你的指導，你的線上教練，幫助你達成目標。但達成目標的是**你**，不是我。如果你因為這本書而成功，我當然會想知道，但你的成功不會是因為我，而是因為你自己。你成為你應當成為的人，做了你應該做的事情，得到你向來渴望的人生，那也是你自己的功勞。

我們不會為顧問或是諮詢委員樹立雕像，只有那些站在前線，把事情做成的人，才有雕像。只要認真努力，有朝一日你也會擁有雕像。

恭喜你投資了時間閱讀這本書。我寫這本書的目的，是希望能改變別人的人生。而你的命運，掌握在你自己的手裡。

投入你的賽局！

中英名詞對照表

人物

三至十畫

DJ卡利 DJ Khaled
小佛洛伊德・梅偉瑟 Floyd Mayweather Jr.
小韋恩 Lil Wayne
巴比・奈特 Bobby Knight
比爾・艾勒比 Bill Ellerbee
布萊恩・威廉斯 Brian "Baby" Williams
立普頓博士 Dr. Bruce Lipton
伊卓瑞斯・艾巴 Idris Elba
托比亞斯・雷興巴赫博士 Dr. Tobias Reichenbach
尚恩・庫姆斯 Sean Combs
肯尼・麥克林 Kenny Macklin
肯伊・威斯特 Kayne West
阿曼・吉利安教練 Coach Armen Gilliam
迪昂・桑德斯 Deion Sanders
威廉・史東 W. Clement Stone
柯比・布萊恩 Kobe Bryant
洛維恩 Jimmy Lovine
拿破崙・希爾 Napolean Hill

十一畫以上

康納・麥葛瑞格 Conor McGregor
麥爾坎・X Malcolm X
傑克・坎菲爾 Jack Canfield
傑瑞・克羅斯 Jerry Krause
凱文・斯特羅姆 Kevin Systrom
提摩西・費里斯 Tim Ferriss
菲利普・布哈農 Phillip Buchanon
菲爾・傑克森 Phil Jackson
葛蘭特・卡爾多 Grant Cardone
塔瑪拉 Tamara
當娜・聖路易斯 Dawnna St. Louis
詹姆士・阿特切 James Altucher

碧昂絲　Beyonce
德瑞克・西弗斯　Derek Sivers
德瑞博士　Dr. Dre
賴瑞・柏德　Larry Bird
聲名狼藉先生　Notorious B.I.G.
羅伯特・格林　Robert Greene

地點

卡特勒灣　Cutler Bay
安多拉區　Andorra
考納斯市　Kaunas
艾利山　Mount Airy
西蒙格拉茨高中　Simon Gratz High School
坦帕灣　Tampa Bay
芬雷運動場　Finlay Playground
阿爾塔蒙特斯普林斯市　Altamonte Springs
阿德勒體育館　Adler Gymnasium
南岬公園　South Pointe Park
南灘　South Beach
春季花園街　Spring Garden Street
洛杉磯健身中心　LA Fitness
洛雷托　Loretto
科托灣　Bay of Kotor
家得寶　The Home Depot
馬斯特曼國中及高中　Julia R. Masterman Junior and Senior High
雀瑞雪運動場　Cherashore Playground
喬治華盛頓卡佛工程與科學高中　George Washington Carver High School of Engineering and Science
新海爾采格市　Herceg Novi
聖法蘭西斯大學　St. Francis University
賓夕法尼亞州立大學阿爾圖納校區　Penn State Altoona
賓夕法尼亞州立大學阿賓頓校區　Abington

書籍／出版品

《一週工作四小時》　*The 4-Hour Workweek*

〈十個步驟的計畫：如果我現在起步，要怎樣才能在國外打籃球〉 "10-Step Plan: How I Would Play Basketball Overseas If Starting Today"
《反叛者》 *The Defiant Ones*
《心理手冊》 *The Mental Handbook*
《心理練習簿》 *The Mental Workbook*
《來自內心的鬥志》 *Driven from Within*
《思考致富》 *Think and Grow Rich*
《動力是一面鏡子》 *The Mirror of Motivation*
《新牛津美語字典》 *New Oxford American Dictionary*
《戰爭的三十三條策略》 *33 Strategies of War*
《選擇不做普通人》 The 10X Rule
《雞窩頭下的金頭腦》 *Choose Yourself*
「籃球手冊」 *HoopHandbook*
《社群網戰》電影 The Social Network
《準備投胎》唱片專輯 Ready to Die
《窮途末路》唱片專輯 No Way Out
《藍圖》唱片專輯 The Blue Print

其他

心理地帶 Mental Zone
外線投籃 outside shooting
全美大學體育協會 NCAA
攻守轉換 transition
底角 corner
拉舉 deadlifting
波比 burpee
哈林大使隊 Harlem Ambassadors
國際演講協會 Toastmasters
運球過人 crossover dribble
達美航空 Delta airlines
罰球線 foul line
戰斧灌籃 tomahawk dunk
選秀營 exposure camp
壞小子唱片公司 Bad Boy Entertainment
麵包球 airball

下一球會更好

練就專業運動員「投入賽局」的心理戰力，戰勝職場和人生各種不可能

作者　卓瑞・鮑德溫（Dre Baldwin）
譯者　龐元媛
主編　劉偉嘉
特約編輯　周奕君
校對　魏秋綢
排版　謝宜欣
封面　萬勝安
社長　郭重興
發行人兼出版總監　曾大福
出版　真文化／遠足文化事業股份有限公司
發行　遠足文化事業股份有限公司
地址　231 新北市新店區民權路 108 之 2 號 9 樓
電話　02-22181417
傳真　02-22181009
Email　service@bookrep.com.tw
郵撥帳號　19504465 遠足文化事業股份有限公司
客服專線　0800221029
法律顧問　華陽國際專利商標事務所　蘇文生律師
印刷　成陽印刷股份有限公司
初版　2020年 3月
定價　360元
ISBN　978-986-98588-1-6

歡迎團體訂購，另有優惠，請洽業務部 (02)22181-1417 分機 1124、1135

國家圖書館出版品預行編目 (CIP) 資料

下一球會更好：練就專業運動員「投入賽局」的心理戰力，戰勝職場和人生各種不可能／卓瑞・鮑德溫（Dre Baldwin）著；龐元媛譯.
-- 初版. -- 新北市：真文化，遠足文化，2020.03
面；公分 --（認真職場；6）
譯自：Work on your game : use the pro athlete mindset to dominate your game in business, sports, and life
ISBN 978-986-98588-1-6（平裝）
1. 成功法 2. 自我實現
177.2　　108023026